인권 · 복지론

인권과 함께하는 복지 실천

윤찬영 지음

신정

머리말 PREFACE

사회복지학 교수로서 사회복지 실천의 방법이자 영역으로 선택했던 것이 시민운동으로서 사회복지운동이었다. 사회복지에 관한 국가책임론을 내세워 공익소송과 입법청원을 통해 국가를 압박하는 운동을 해 왔다. 이러한 와중에 툭하면 터지는 사회복지시설의 인권 유린 사건들이 필자의 알량한 정의감을 자극하였다. 무려 복지라는 간판을 내걸어 놓고 장애인이나 아동 같은 사회적 약자들을 착취하고 유린하는 행위들은 도저히 묵과할 수 없었다.

사건 현장에 관여하면서 문제를 캐보면 배후에는 무책임한 국가와 자치단체가 있었다. 이에 대항할 수 있는 강력한 무기는 피해자의 인권을 내세우는 것이었다. 사회적 약자의 인권 옹호자로서 사회복지 실천을 하려고 했었다. 그러나 인권은 지극히 정당한 이념이기 때문에 일단 주장해놓고 복지의 구조와 상황을 분석적으로 해부하며 국가와 자치단체 그리고 민간 복지사업자를 압박하는 전술로 일관해 왔다. 인권에 대하여 당위적으로만 주장하다 보니 분위기는 주도할 수 있었으나 실질적인 해법에는 무기력할 수밖에 없었다. 그리하여 늘 인권에 대해 공부를 해야 한다고 생각했다.

공식적인 교육과정에서는 인권을 배워 본 적이 없었는데, 마침 출간된 조효제 교수의 인권 관련 책들을 읽으며 독학으로 공부를 시작했다. 독학이래야 그저 틈틈이 인권 관련 문헌들을 조금씩 읽은 것이 전부다. 생각보다 어렵고 혼란스러웠다. 여러 차례 포기할까 생각도 했었다. 그러나 사회복지학도로서 사회복지 간판 아래서 반인권적 행위를 저지르는 것만큼은 막아야 한다고 생각했다. 그리하여 사회복지학도들이 인권을 공부해야 한다는 말을 입버릇처럼 하고 다녔다. 그러던 중 사회복지 대상자의 인권뿐만 아니라 사회복지사 및 사회복지 제공자들의 인권조차 위급한 상태라는 것을 인식하게 되었다. 더 늦기 전에 인권에 관련하여 사회복지 실천방법과 모델을 구축해야 한다는 절박한 생각이 몰려왔다.

현대사회에서 소외된 인간의 인권을 회복하는 사회복지 실천의 틀과 방법을 제시하는 것이 앞으로 사회복지학의 정당성의 기반을 확보하는 길이 될 것으로 본다. 그리하여 부족하고 변변치 못한 글이지만 동료 사회복지학도들과 후학들께 이 말씀을 드리고자 감히 나섰다. 부디 응답이 있기를 소망한다.

2021년 12월

코로나의 만연 속에서 인간다운 삶을 기원하며

차례 CONTENTS

제1장

제목에 대하여

한국사회복지사협회의 '사회복지사 윤리강령'(2001) 전문(前文)과 '사회복지사 선서문'을 보면, 인간의 존엄성과 가치 존중, 그리고 사회정의의 신념 등을 주창하고 있다. 인권과 정의를 주요한 가치와 이념으로 내세우고 있는 것이다. 사회복지학은 사회복지사를 양성하기 위해 대학의 교육과정에서 교육되고 있는데, 사회복지학 교육과정에서 정의(正義)와 인권(人權)을 가르치는 것은 매우 기본적인 일일 것이다.

필자는 대학에서 사회복지학 전공의 기초과목으로 〈인간행동과 사회환경〉 외에 〈사회정의론〉과 〈인권론〉을 추가적으로 도입해야 한다는 생각을 오래 전부터 가지고 있었다. 인권이 가지고 있는 저항적 속성 때문에 사회복지 실천에서 인권을 받아들이고 추구하는 것은 자신의 주장을 제기하거나 펼칠 수 없는 사람들을 대변하고 옹호하는 옹호자(advocacy)의 역할을 수행해야 한다는 뜻이다.[1] 사회복지사가 치료자의 역할을 넘어 도움을 필요로 하는 사람의 권익을 대변하거나 옹호하는 역할을 해야 한다는 것이다. 인권론 교과목이 개설되어 있지 않은 상황에서 사회복지학도들에게 인권의 중요성과 그것을 실현시킬 방법론에 대해 관심을 갖도록 권면하는 것은 중요하다. 그렇다고 해서 이 책이 인권의 이론서는 아니다. 인권의 개념과 이념, 역사 등을 다룬 기본적인 이론서라 할 수 있는 책들은 이미 여러 학문 분야에서 국내외를 막론하고 다양하게 출판되었다. 이 책은 사회복지학도인 필자가 사회복지의 실천과 제도화와 관련하여 '인권'이라는 가치와 이념을 도입하고자 하는 목표를 가지고 이제 막 시작한 초보적인 연구와 성찰의 잠정적인 결과에 지나지 않는다. 그러므로 인권에 대한 설명은 탐색적이고 서설적(序說的)인 수준에 그칠 수밖에 없다. 사회복지 실천가를 비롯하여 사회복지학도들이 인권에 대하여 관심을 갖고 인권 실현을 위한 실천적 노력을 집중해 주기를 권하고 바라는 마음으로 쓴 것이다.

이 책을 집필하면서 제목에 대하여 많이 생각해 보았다. 사회복지학의 학문적 성격이 가치지향적인 실천학문

1) 윤찬영, 『사회복지의 이해』 개정판, 정민사, 2017, p.33.

으로서 융합적인 응용학문이기 때문에[2] '인권'이라는 가치와 융합하여 실천과 제도화를 모색하는 것은 매우 의미 있고 사회복지학의 정체성에도 부합하는 것으로 보인다. 그러므로 이 책의 핵심어(key word)는 두 개다. 하나는 '인권', 또 하나는 '복지'다. 그렇다고 해서 인권을 절반 다루고 복지를 절반 다루는 식으로 쓰여진 책은 아니다. 이 책은 인권과 복지 또는 복지와 인권이 어떤 관련성을 가지고 있는지에 대해 질문을 던지고 답을 찾아가면서 양자의 각각의 특성과 상호 관련성 등을 규명하고자 하였다. 이를 통해 인권에 관련한 복지의 역할, 복지와 관련된 인권의 의미 등을 파악하고자 노력했다.

이 책은 일반적인 '인권론'책이 아니고 또한 교과서류의 '사회복지론'책도 아니다. 즉, 인권 교육을 위한 교재도 아니고 사회복지 실천론이나 제도론 또는 분야론도 아닌 것이다. 그리하여 책의 제목을 정하느라 많은 시간과 생각을 소비하게 되었다.

요컨대 이 책은 사회복지 실천과 제도화를 염두에 두고서 사회복지학과 인권론의 융합과 통섭을 도모하고자 하였다.

---

2) 같은 책, pp.58~60.

1. '인권과 복지'인가 '사회복지와 인권'인가?

'인권과 (사회)복지'라고 부르든, '(사회)복지와 인권'으로 부르든 같은 말이다. 그러나 '인권'을 둘러싼 격렬한 반응들을 생각할 때 이조차 어떻게 불러야 할지 조심스럽다. '인권'이라는 단어는 인권을 침해당하거나 박탈된 사람에게는 구원의 단어이다. 비인간적 상황에서 고통에 시달리는 사람에게 '인권'만큼 강력하고 희망적인 단어는 없을 것이다. 그러나 인권의 현실이 그렇게 녹록치 않다는 것도 사실이다. 사정이 이렇다 보니 인권은 항상 뜨거운 공방에 휘말리기 십상이다. 매우 민감하고 온도 차가 상당한 단어이기 때문이다. 일반적으로 A 그리고 B 두 개의 개체를 지칭할 때 'A와 B'라고 하든 'B와 A'라고 하든 이렇다 할 차이는 없을 것이다. 현재 사회복지사 자격 취득을 위하여 이수해야 할 교과목을 규정하고 있는 「사회복지사업법」 시행규칙 제3조 [별표1]에 따르면, 선택과목으로서 〈사회복지와 인권〉이 있다. 그러니까 대학의 사회복지학 교육에서 인권을 다루는 교과목으로 공식적으로 인정되는 교과목 명칭은 〈사회복지와 인권〉이다. 이 책이 새롭게 도입되는 교과목의 교재를 집필하는 것이라면 책의 제목은 교과목의 명칭을 그대로 사용하는 것이 좋을 것이다. 하지만 그렇지 않기 때문에 다른 사회복지학 교과목들의 명칭과 비교해 보려 한다. 우선 전통적인 사회복지대상자로 꼽히는 아동, 노인, 장애인 등을 다루는 〈아동복지론〉, 〈노인복지론〉 등이 있다. 외에도 사회복지의 2차 영역에 속하는 〈학교사회복지론〉, 〈의료사회복지론〉, 〈교정복지론〉 등의 교과목이 있다. 이 교과목들은 '사회복지와 아동' 또는 '아동과 사회복지', '사회복지와 의료', '의료와 사회복지'의 형태가 아니라 '○○복지'의 형태로 명명(命名)되었다. 즉, 이것은 '○○'을 위하거나 '○○'에 관련된 복지라는 뜻을 함축하고 있다. 그렇다면 "인권을 위하거나 인권과 관련된 복지"라는 뜻에서 '인권복지'라는 명칭도 일단은 가능할 것으로 본다. 그러나 대개 '○○'이 사회복지 대상자나 영역을 지칭하고 있다는 점, '인권'이라는 단어는 그 자체로 대상자나 영역을 지칭하기보다 이념과 가치를 의미한다는 점을 생각해 볼 때 '인권'이 '복지'와 결합하여 '인권복지'라고 표기된다면 다소 어색할 수 있다. 그래서인지 법령에서는 'A와(과) B'형태의 조어(造語)가 선택된 것으로 보인다.[3] 그러므로 현행처럼 '사회복지와 인권'도 가능하지만, '복지와 인권', '인권과 복지', '인권과 사회복지'등의 표기도 모두 가능하리

---

3) 이런 형식의 교과목은 〈사회복지와 인권〉 외에 〈사회복지와 문화다양성〉이 있다. 「사회복지사업법」 시행규칙 [별표1]

라 본다. '인권'이라는 단어와 '복지'라는 단어 모두 개념적으로 고정되어 있다기보다 개방성을 가지고 있다고 할 수 있다. 또한 양자의 관계도 명확하거나 이미 굳어진 것이라기보다는 매우 개방적인 상태로 있다고 보아야 할 것이다. 따라서 '인권 · 복지론'이라는 명칭이 다양한 양자의 관계를 포괄하면서도 더 간결하고 분명하게 나타내기도 한다. '인권 · 복지'로 표기한다면 가운데 찍힌 ' · '이 오히려 많은 의미와 관계를 함축한다고 하겠다.[4] 즉, 이것은 '인권'과 '복지'가 각각 독립적이면서도 밀접한 관계를 나타내고, 그 관계의 내용과 성격은 앞으로 탐구해 나가야 할 사안이라는 뜻을 함축적으로 보여준다고 하겠다. 그러므로 '인권 · 복지'라는 제목은 인권과 복지 각각의 독립성과 독자성을 가지면서도 외형적으로 매우 가까운 관계에 있다는 것, 그러면서도 그 관계의 성격과 내용은 아직 불확정적(不確定的)인 것을 나타낸다고 하겠다.

4) 마침 한겨레신문 지면 중에 인권 · 복지 란이 있다. 이 지면에서는 인권 관련 복지관련 기사와 사진들이 뒤섞여 게재되고 있다. 이 밖에도 이러한 유형으로 구성된 지면으로 국회 · 정당 · 행정 · 자치 국방 · 북한 의료 · 건강 국제기구 · 회의 금융 · 증권 산업 · 재계 등의 고정란이 있다.

2. '인권 · 복지론'의 도입

이 책은 교과목 〈사회복지와 인권〉의 교재용으로 집필된 것은 아니다. 왜냐하면 교과서 또는 교재가 쓰여질 정도로 사회복지학 분야에서 인권에 관한 연구 실적과 실천 사례가 풍부하게 축적되어 있다고 보기 어렵고, 필자 또한 그 정도의 경지에 이르지 못했기 때문이다. 오히려 현재의 상황은 사회복지학의 연구와 실천에 '인권'과 관련한 관점을 도입하고 그것에 기반한 접근을 모색하고 있는 수준에 있다고 본다. 그리하여 사회복지학의 관점에서 인권을 어떻게 이해하고 받아들일 것인지, 어떻게 접근하고 실천할 것인지 성찰적으로 모색해야 한다고 생각한다. '인권'과 '복지'의 관계를 성찰하면서 논의해야 할 점들을 고찰해 보는 것이 이 책의 목적이다. 아직은 많은 부분들이 열려 있고 하나씩 점진적으로 찾아 나서고 만들어 가는 과정에 있다고 하겠다.

여기서는 사회복지학의 입장에서 '인권'에 접근하기 위하여 다각적으로 성찰적인 질문을 제기하면서 해답을 도모하고자 한다. 첫째, 인권이 무엇이기에 사회복지 실천이나 제도화에 반영하거나 목적으로 해야 하는 것일까? 둘째, 인권과 복지는 어떤 관련성이 있는 것인가? 셋째,

인권과 복지를 어떻게 연결하여 실천해야 하는가? 이러한 문제의식을 가지고 답을 찾기 위해 모색해 보고자 한다. 그래서 이 책의 제목을 〈인권 · 복지론〉이라 정했다.

제2장
인권에 대한 기본적 인식

사회복지학도로서 인권에 대하여 공부하면서 상당한 시간 동안 내적(內的)인 우여곡절(迂餘曲折)을 겪었다. 그것은 인권에 처음 관심을 가졌을 때부터 너무 쉽게 당위적(當爲的)으로 동의하고 동조했기 때문이다. 인권은 자명(自明)하게 옳으며 어떤 경우에도 지켜져야 할 가치이자 이념이라고 이해했다. 그러나 현실에서는 반대의 목소리도 있고 인권이 불편한 경우들도 있다는 것을 알게 되었다. 인권은 명백히 옳고 당연한 것이라고 생각했는데 그렇게만 생각하기에는 현실은 복잡하고 좀 더 깊이 있는 사고와 성찰이 필요하다는 것을 깨닫게 된 것이다.

처음 인권에 관심을 가졌을 때 사회복지학이 인간의 문제와 욕구에 관심을 가지고 그것을 해결하거나 충족하는 실천의 방법이나 제도를 탐구하는 학문이라고 생각했기에 당연히 인권과 가깝다거나 친해야 한다는 판단을 했었다. 그러나 현실은 사회복지와 인권이 학문적으로든 실천적으로든 제각각 따로 돌아가고 있었다. 인류 역사에서 전쟁과 폭력이 가장 반(反)인권적인 것으로 거론되지만 사실, 전쟁과 폭력으로 죽거나 다친 사람보다 빈곤과 질병으로 사망하거나 인간적 기능을 수행하지 못한 사람들이 훨씬 많을 것이다.

빈곤과 질병은 매우 중요한 인권문제라고 할 수 있다. 그럼에도 불구하고 빈곤문제나 의료문제에 인권론자나 인권활동가들이 관여하거나 언급한 예는 찾기 어렵다. 고문이나 강간, 폭력사태 같은 인권문제에 사회복지전문가가 관여하거나 등장하는 경우도 매우 드물었다.

이러한 현실에도 불구하고 사회복지학도로서 인권에 대하여 공부할 필요가 있다는 생각이 강했다. 사회복지는 인간을 귀중하게 여기고 인간의 욕구에 집중하는 학문이자 실천이기 때문이다. 그래서 사회복지학도로서 인권에 대하여 적극적으로 다가서는 것은 당연한 사명이라는 생각까지 하게 되었다. 하지만 인권은 워낙 당연하고 옳은 것인데 특별히 공부할 것이 있겠는가 하는 생각이 컸던 것도 사실이다. 공부나 연구를 한다는 것은 아무래도 이론적인 측면에 집중하게 되는 면이 있다. 가치적으로 당연하게 옳은데 무슨 이론이 필요할까 하는 생각도 하게 되었다. 그런데 인권의 개념, 인권의 역사, 인권을 둘러싼 논란 등을 확인하게 되면서 오랫동안 혼란을 겪기도 하였다. 자명하게 옳다고만 생각했던 '인권'이 그리 쉽지 않다는 것을 깨달으면서 사회복지와 연계시키는 것도 많은 노력과 인내심이 필요하다는 자각을 하게 되었다. 그리하여 인권에 관하여 막연하게 동경하고 지지해 오던 입장을 가지고 공부하면서 숱한 우여곡절을 겪었고, 이제 잠정적으로 정리한 인권 관련 인식과 이해에 관하여 유념하거나 주목해야 할 사항들에 대해 소개해 보려 한다.

1. 인권은 자명(自明)한가?

'인권'이라는 단어는 매우 가치 있고 소중한 의미로 널리 쓰이고 있다. 이 시대에 가장 강력한 힘을 갖는 하나의 단어를 고르라고 한다면 주저 없이 선택할 수 있는 그 하나의 단어가 곧 '인권'이라고 해도 과언(過言)이 아닐 것이다. 인권은 한자(漢字) 표기로 '人權'이며 영문(英文)으로는 'human rights'이다. 모두 '인간의 권리'라는 뜻을 표현한 것이다. 그렇다. 인권은 곧 '인간의 권리'를 말한다. 이렇게 인권은 너무 간결하고도 분명한 의미를 가진 것으로 보인다. 아마도 그래서 강력한 힘을 발휘하는 단어가 되었을 것이다.

전통적으로 인권은 도덕적·법률적 차원에서 이해되었다. 그래서 인권은 법학, 도덕철학이나 윤리학 같은 규범적 학문에서 다루는 주제라고 여겨졌다. 실제로 인권에 대한 연구는 주로 법률가들에 의해 이루어져 왔으며 사회과학적 연구에서는 인권을 무시해 왔다고 할 수 있다.[1] 계몽주의 시대 학자들은 인권을 불가침(不可侵), 불가양도(不可讓渡)의 절대적인 권리로 보았다. 또한 신성불가침한 천부(天賦)의 권리로 보았다. 인권은 자연권을 말하는 것이었다. 이러한 자연권을 일일이 다 열거할 수 없기 때문에 전통적인 시민권(civil rights)을 헌법에 예시하게 된 것이다.[2]

전통적으로 인권의 기본적인 성격을 절대성, 보편성, 항구성, 불가침성 등으로 본다. 경우에 따라 인권이 인정되기도 하고 부정되기도 하는 상대성을 거부하고 절대적인 가치로 보는 것이다. 또한 인간이면 누구나 인권이라는 권리의 주체가 된다고 보기 때문에 보편성을 강조한다. 그리고 이러한 인권이 일시적으로만 인정되는 것이 아니라 항구적으로 인정된다고 본다. 누구에게도 양도할 수

1) Michael Freeman, 김철효 옮김, 『인권: 이론과 실천』, 아르케, 2005, p.21.

2) 김철수, 『인간의 권리』, 산지니, 2021, p.287.

없는 불가양도(不可讓渡)의 권리이고 침해할 수 없는 불가침(不可侵)의 권리로 보는 것이다.

이렇게 인간이면 누구나 평등하게 누릴 수 있는 것이 인권이라는 간단한 개념을 이해하기 위해 몇 가지 전제가 되는 이념을 살펴볼 필요가 있다. 그것은 〈첫째〉 인간 중심주의, 〈둘째〉 보편주의, 그리고 〈셋째〉 권리 중심주의다. 여기에서 인간 중심주의란 인권이 인간을 위한 권리라는 점을, 보편주의는 인간이면 누구나 인권을 누릴 수 있다는 점을, 그리고 권리 중심주의는 인권은 의무가 아닌 권리라는 것을 보여준다.[3] 그러므로 어떤 의무도 이행하지 않더라도 인권을 주장하고 누리는 데 아무런 문제가 없다. 이러한 이념들이 인류의 역사에서 전근대적인 신분제 사회를 무너뜨리고 모든 사람이 법 앞에 평등한 자유주의 사회와 모든 사람들의 생존권을 국가가 보장하려는 사회국가 또는 복지국가로 이행할 수 있도록 역사적 역할을 담당했었다고 볼 수 있다. 그러나 이 중에서 보편주의나 권리 중심주의는 많은 비판에 부딪히기도 했지만 인간 중심주의는 비교적 확고한 인권의 출발점으로 남아 있다.[4]

---

3) 양천수, "근대 인권 구상의 한계와 새로운 인권 구상의 가능성", 공법학연구 제21권 제3호, 한국비교공법학회, 2020, p.131.

4) 같은 글, p.132.

하지만 인공지능이나 로봇 등이 등장하는 소위 4차 산업혁명 시대에 와서는 이조차도 변화의 가능성을 맞고 있다. 인간의 기능을 수행하거나 대행하지만 인격을 갖지 못한 주체에 대하여 인권을 인정해야 하는가의 문제가 등장하게 되는 것이다. 사이보그(cyborg)나 유사 인간종(post homosapiens)이 등장한다면 인간다움, 인격, 인간 존엄성 등 인간의 본질에 대해 다시 생각해 봐야 할 것이다. 이렇게 되면 인권의 개념과 이념 모두 구체적으로 다시 점검해 봐야 할 상황에 이르렀다고도 할 수 있겠다. 뿐만 아니라 인간으로서의 인격이나 존엄성을 스스로 부정했다고 볼 수 있는 범죄자의 인권에 대해서도 부정적인 견해들이 많다. 보편주의 관점에서 보면 인간인 이상 인권을 갖는다고 봐야 하지만, 인격 없이 인간 행세를 하거나 역할을 하는 기계와 범죄자의 인권을 인정해야 할 것인가?

실제로 이렇게 간결하고 명쾌해 보이는 '인권'이라는 동일한 단어를 사용하면서도 서로 생각하거나 느끼는 것이 달라 충돌하거나 복잡한 상황이 되는 경우들이 있다. 누군가는 도덕적으로 자연스럽고 정당한 것이라고 주장되지만 또 다른 누군가에게는 의심스럽거나 심지어 적대적으로 보이는 슬로건 정도일 수도 있다.[5] 이렇게 단순하고

5) Andrew Clapham, 박용현 옮김, 『인권은 정치적이다: 쟁점으로 보는 인권 교과서』, 한겨레출판, 2010, p.10.

명쾌해 보이면서도 논란이 끊이지 않는 인권의 개념은 쉽게 느껴지면서도 복잡하게 다가오는 참으로 어려운 단어이자 개념이다.

매우 자명(自明)해 보이는 인권이지만 여전히 많은 논란에 싸여 있다. 인권을 무시하거나 외면하는 것은 야만적이고 낙후한 것으로 보이기 때문에 감히 인권을 부정할 수 없다. 그래서 지구상의 모든 사람들이 기본적으로 인권에 동의하고 참여하는 것 같지만 실상 인권의 현실은 그렇다고 말하기 어렵다. 사정이 이렇다 보니 인권을 둘러싼 다양한 질문과 의혹들이 여전히 난제(難題)로 남아 있다. 많은 질문 중에서 대략 몇 가지를 추려 보면 다음과 같다.[6)]

- 인권 개념은 유용하고 바람직한가?
- 왜 자연권이 아니고 인권인가?
- 인권은 선험적(先驗的)으로 주어지는가, 사회적으로 구성되는가?
- 인권은 어떻게 정당화되어 왔는가?
- 인권의 보편성을 어떻게 이해해야 하는가?

6) 김비환 외, 『인권의 정치사상』, 이학사, 2010, pp.13~14.
Mark Frezzo, 조효제 옮김, 『인권사회학의 도전』, 교양인, 2020, p.5.
Leah Levin, 이명재 · 서현수 옮김, 『인권: 인간의 권리에 관한 118가지 질문에 답하다』, 북스코프, 2012.

- 인권은 보편적으로 받아들여지는가?
- 인권들 간의 우선순위는 있는가, 있다면 그 기준은 무엇인가?
- 모든 인권이 똑같이 중요한가?
- 인권은 누가 소유하며 누가 이행의 의무를 지는가?
- 인권의 침해와 보장은 누가 어떤 기준으로 정하는가?
- 인권을 침해받았다고 느낄 경우, 개인이 이를 유엔에 진정할 수 있는가?
- 인권보호의 관념은 어떻게 발전했는가?
- 인권을 보호하기 위한 첫걸음은 무엇이었나?
- 한 국가의 인권기록에 대한 국제적 조사가 내정간섭이 되는가?
- 인권옹호자들을 보호하기 위해 어떤 절차들이 있나?
- 인권교육은 인권의 보호와 증진에 어떤 역할을 하는가?
- 인권의 실현에 세계화는 어떤 영향을 주고 있는가?
- 금융위기와 경제위기 그리고 인권 이슈들은 유엔에서 어떻게 다루어지고 있는가?
- 기업에 인권보호 의무가 있는가?
- 국제인권법은 테러리즘에 대해 어떤 대응을 요구하는가?
- 개발협력에 대한 인권 중심 접근이란 무엇을 의미하는가?

- 권리와 권리가 충돌하면 어떤 권리가 이기는가?
- 흉악범의 신상을 공개하는 것이 뭐가 문제인가?
- 인권을 침해하는 나쁜 가해자를 속 시원하게 처벌할 방법은 없는가?
- 인권은 결국 자기 이익 찾기 아닌가?
- 복지권을 너무 많이 보장하면 경제에 나쁜 영향을 미치지 않는가?
- 연대권은 집단의 이름으로 개인을 억압하지 않을까?

이와 같이 단순하면서도 자명해 보이는 인권의 개념은 사실 많은 논란에 휩싸여 있다. 인권이 가지고 있는 도덕적 우월성과 현실 사이의 갈등, 인간이면 누구나 인권의 주체라는 보편성의 허구 등 다양한 논란이 이어지고 있다. 이러한 인권의 개념을 사회과학에 속해 있으면서 실천학문이자 응용학문인 사회복지학의 입장에서 통섭적으로 이해하고 접근하기 위해서 어떤 점들을 살펴보아야 하는지 몇 가지 관점을 정리해 둘 필요가 있는 것 같다. 그동안 주로 돕는 자(helper), 안내자(guider), 치료자(therapist) 등의 역할을 해 온 사회복지사가 인권의 개념을 받아들인다는 것은 옹호자(advocates) 내지 대변자로서의 역할을 강조한다는 뜻이다. 사회복지 실천의 변화까지 염두에 두어야 할 것이다.

2. 인권은 역사적 발명품이다

〈첫째〉 인권은 역사적 개념이다. 인권은 사회적 진공 속에서 자연적으로 발생한 개념이 아니라 구체적인 역사적 맥락 속에서 등장한 개념이라는 것이다. 역사적 형성물이기 때문에 추상적으로 접근하는 데 한계가 있다. 인권의 이념은 18세기 계몽주의 사상가들에 의해 제기된 이래 20세기 UN에서 세계인권선언이 이루어져 오늘에 이르고 있다. "모든 인간은 태어날 때부터 자유롭고, 존엄성과 권리에 있어서 평등하다."(세계인권선언 제1조)는 거룩한 이념은 이미 1789년 프랑스의 「인간과 시민의 권리선언」 제1조 "인간은 자유롭게, 그리고 권리에 있어서 평등하게 태어나 존재한다."에서 시작되었다. 그러나 현실에서는 인종이나 종족, 신분, 종교, 성별, 직업 등의 차이에 따라 차별되거나 억압되어 온 역사를 이루고 있다. 그러므로 우리가 인권을 이해하고 접근하기 위해서는 인권의 이념이 선포되고 현실에 적용되는 과정에서 치열한 역사적 상호작용이 전개되어 왔다는 점을 늘 명심하고 새겨야 한다. 인권은 인간 존재에 주어진 자연적 본성이 아니라 오로지 실천을 통해서 획득된 역사적 산물이다.

〈둘째〉 인권은 자연으로부터 주어지거나 신이 부여해

준 것이라기보다 인간에 의해 만들어진 개념이다. 즉, 인권은 발명된 것이다.[7] 그러니까 인권은 스스로 존재하는 것이 아니라 만들어지거나 구성된(constructed) 권리라는 것을 의미하며, 인간 서로 간의 사회적 상호작용과 어떻게 공통적인 인간성의 기반 위에서 조화롭게 살아갈 수 있는지에 대한 고민으로부터 나오는 것이라 하겠다.

결과적으로 인권이란 자연적이거나 신으로부터 주어지는 것이라기보다 사회적으로 규정되고 형성되는 것이다.[8] 그러므로 인권이란 구체적인 형상을 가진 물건이나 존재가 아니라 인간으로서 인정받고 인간적으로 예우되거나 취급될 것이라는 믿음과 기대를 말하는 것이다.

3. 인권 이상주의(理想主義)와 인권 현실주의

인간이라는 이유만으로 누구나 갖는 인권이라는 보편성의 이념은 지극히 단순하고도 강력해 보인다. 이것이 인권 개념의 강점이고 매력이다. 그러나 인권이 구체적인

7) Lynn Hunt, 전진성 옮김, 『인권의 발명』, 돌베개, 2009.

8) Jim Ife, "인권과 사회복지 서비스: 기회와 도전", 사회복지 분야 인권 관점 도입・확산을 위한 워크숍, 국가인권위원회, 2006, p.7.

현실과 만나는 순간 다양한 고려사항들이 복잡하게 엉켜 이와 같은 단순한 인권 개념과 정의는 무기력해지고 합의점을 찾기도 어려워진다. '인권'개념은 본질적으로 논쟁적인 개념으로 볼 수밖에 없다.[9] 인권 관련 문헌들을 읽고 고찰해 보면 대개 두 가지 경향을 발견할 수 있다. 하나는 인권 개념의 도덕적 정당성을 압도적으로 강조하는 인권 이상주의적 입장이다.[10] 또 하나는 인권이 다른 권리들과 충돌하거나 인권의 딜레마 현상이 벌어지는 현실에 주목하는 인권 현실주의 입장이다.[11]

예를 들어 낙태 문제를 보자. 낙태를 금지하는 것은 태아의 생명권이라는 매우 기본적인 인권을 위한 것이다. 그러나 여성의 생존 또는 건강, 명예 등 여성의 인권 또한 보호하고 지켜야 할 가치이자 이념이다. 여성의 인권을 위해서는 자발적인 낙태가 허용돼야 한다. 여기에서 어느 한쪽의 인권만을 절대시한다면 충돌을 피할 수 없게 된다. 태아의 인권과 여성의 인권을 균형적으로 어떻게 보

---

9) 정원섭, "인권의 현대적 역설", 철학112, 한국철학회, 2012, pp.174~1175.

10) 인권의 가치와 이념의 도덕적 우월성과 인권에 대한 감수성 등을 강조하는 경향을 지칭한다. 이 입장에서는 인권이 현실에서 부정당하거나 논란이 되는 측면보다는 이념적, 도덕적 우월성에 초점을 둔다.

11) 이 입장은 인권의 가치를 인정하면서도 현실에서 나타나는 갈등과 딜레마를 논리적으로 설명하고 해결하는 데 주력한다. 아마도 이 책의 입장은 이러한 입장을 지지하는 쪽에 가깝다고 할 것이다.

호할 것인가 하는 것이 현실적으로 중요한 과제다. 이것을 해결할 수 있는 논리와 방법의 개발이 필요한 것이다. 전자(前者)와 같은 경향을 '인권 이상주의'라 하고 후자(後者)의 입장을 '인권 현실주의'라고 명명(命名)하고자 한다.[12]

그러나 인권과 인권은 원래 충돌하지 않는다는 입장을 보이는 경우도 있다.[13] 이러한 입장은 인권은 충돌하기 마련이라는 입장을 반박하고 인권의 불가양성(不可讓性)을 강조하기 위해 제기된 것으로 보인다. 그런 점에서 충분히 제기될 수 있는 주장이라고 본다. 그러나 인권과 인권이 당연히 충돌한다고 보는 것도 논란의 여지가 있지만 충돌하지 않는다고 단언하는 것 또한 인권 개념과 현실에 오해를 줄 수 있고 현실의 문제 해결을 어렵게 만들 수 있어 적절치 않다고 본다. 인권과 인권이 충돌할 수 있는 현실적 가능성에 대하여 개방적으로 유연한 생각을 갖는

---

12) 필자가 임의적으로 채택한 용어이다. 인권의 규범적 정당성과 도덕적 우월성에 집중하고 더 나아가 몰입하는 태도를 보이는 경향을 "인권 이상주의"라고 칭한 것이다. 이러한 입장에서는 인권의 이상적인 측면에 대한 호소와 주장을 강하게 반영한다. 그러나 현실에서는 인권이 충돌하거나 인권을 둘러싼 현실적 갈등이 표출되는 경우들이 의외로 많다. 인권을 이념적으로 지지하더라도 이러한 현실적인 문제를 해결하거나 돌파할 수 있는 논리와 대안의 근거를 확보하는 것이 중요하다. 이러한 부분에 집중하는 경향을 "인권 현실주의"라고 칭하였다.

13) 김수정 외, 『사회복지와 인권』, 학지사, 2021, pp.53~55.

것이 중요하고 필요하다. 인권이 정책이나 제도를 통해 하나의 용어로 정립되기 위해서는 그 타당성뿐만 아니라 유용성과 실현가능성에 대해서도 확인해 볼 필요가 있다.[14)]

이렇게 충돌하는 인권을 조화롭게 통합하거나 해결하는 데에 사회복지 실천의 여지와 근거가 있다고 본다. 그래서 인권에 관하여 주장하거나 논의할 때 이념적이거나 가치적인 부분뿐만 아니라 현실적인 관계와 조건들을 고려하지 않을 수 없는 것이다. 이상적인 수준의 인권과 현실적인 수준에서 인권을 동시적으로 봐야 한다. 이것이 인권 이상주의와 인권 현실주의를 구분해야 하는 필요성의 근거이다.

일반적으로 이상주의와 현실주의의 충돌은 인간의 거의 모든 영역에서 발견된다. 이상(理想)은 현실에서 도출되는 개념이다. 현실에 대한 문제의 인식으로부터 그것을 극복 또는 지양(止揚)된 상태를 이상으로 보는 것이다. 그러므로 진정한 이상주의는 철저한 현실주의에서 비롯된다. 인간이 비인간적으로 취급되는 현실의 문제 상황에서 인간이 인간으로서 제대로 인정받고 예우되는 상태를 이상적인 상태로 보는 것이다. 그러한 상태가 인권이 인정되고 보

14) 심창학, "인권 기반 사회복지의 유용성과 실행가능성", 한국사회학회 엮음, 『화합사회를 위한 복지』, 나남출판, 2013, p.108.

장되는 상태이다.

인간이 비인간적으로 취급될 때 우리는 '인권'을 주장하거나 요구한다. 그것은 정당하고도 강력한 힘을 갖는다. 인권이라는 이상은 그것을 탄압하거나 유린하는 반인권적 힘에 맞서 저항하고 투쟁하는 정당성의 근거이자 도달해야 하는 이상적인 결과인 것이다. 그러므로 인권을 침해하는 요인들을 파악·분석하고 그것들을 극복할 방법을 도모하는 것이 인권에 대한 연구와 접근에서의 핵심이다. 이 과정에서 우리는 인권의 이상과 현실에 대하여 끊임없이 성찰하며 실천의 방법과 틀을 만들어 나가야 할 것이다.

4. 가해자와 피해자로 이루어진 구조

인권은 침해당하거나 가해를 받는 경우에 비로소 제기되는 쟁점이자 주장이다. 인권이 보장되거나 보호되고 있는 상황에서는 굳이 '인권'이라는 말을 하거나 제기하지 않는다. 그러나 누군가의 인권이 침해되거나 박탈되었을 때 이에 저항할 수 있는 가장 당당하고 강력한 단어는 곧 '인권'이다. 그리하여 인권은 항상 가해자와 피해자가 대립하는 관계를 기본 구조로 하여 이루어진다. 피해자는 피해자가 된 순간 이미 인권을 유린당했거나 빼앗긴 상태가 된다. 상실되거나 훼손된 피해자의 인권이 회복되지 않는 한 가해자에 대해서 강력한 처벌과 억제를 요구한다.

이러한 구도가 가해자에 대한 강력한 처벌의 이유가 되고 피해자에게는 보호와 회복에 대한 강력한 주장과 요구의 근거가 된다. 그래서 인권은 정의(justice)의 개념과 맞닿아 있고 상당한 정도 응보(應報)의 정서를 배제할 수 없게 된다. 물론, 가해자를 처벌한다고 해서 상실된 피해자의 인권이 회복되는 것은 아니다. 누가 피해자인지 누가 가해자인지를 구별하고 확인하는 절차, 피해의 내용을 확인하는 절차 등은 매우 민감하고 논란이 되기도 하며 이 과정에서 갈등이 발생하곤 한다.

예컨대, 2017년 전라북도 ○○군 소재 어느 학교에서 여학생을 성추행했다는 혐의를 받은 교사가 있었다. 당해 사건에 대해 경찰은 내사 종결로 처리했지만 교육청 학생인권센터의 특정감사를 받게 되었다. 그 과정에서 억울함을 호소하던 교사가 스스로 목숨을 끊은 비극적인 사건이 발생했다. 인권 침해의 사실 여부, 학생 인권, 교사 인권, 인권센터 조사의 강압성 여부 등을 둘러싼 논란이 격하게 증폭되었고, 유족들은 소송까지 제기하여 2021년에 1심

판결이 나왔다. 이후 고등법원에 항소가 이루어진 상태라서 아직까지는 법적 논란 중에 있다고 하겠다.[15] 피해를 당한 학생의 인권, 이를 부인하는 교사의 명예권, 생명권 등에 대해 많은 논란이 있었다. 인권을 내세워 타인의 인권을 영원히 말살하느냐는 식의 반론도 거셌던 사건이다. 성적인 피해를 입은 학생들이 겪었어야 할 고통, 억울함에 자신의 생명조차 포기한 교사의 심적 고통, 인권센터에서 인권 관련 조사를 맡았다가 사회적 비난의 대상이 된 인권옹호관, 모두가 고통의 시간을 보냈다.

이렇게 인권은 피해자 대 가해자의 구도 속에서 확인되고 인정된다. 그래서 누가 피해자이며 가해자인지, 가해자도 피해자라는 주장, 피해의 내용이 무엇인가 하는 쟁점들이 복잡하고도 뜨겁게 작용한다. 그래서 인권을 말하는 것은 매우 흥분되는 것이기도 하며 또한 지극히 조심스럽고 불편하기도 하다. 피해자와 피해를 특정하고 가해자를 확정하며, 이에 대한 보복적 정의(正義)를 추구하는 것은 매우 정치적인 과정이기도 하다. 그래서 인권은 고요함이나 평온함 속에서 고상하게 존재하기보다는 생사(生死)를 건 정치적 투쟁 과정을 거치며 그 산물로 나타나는 경우들이 많다.

---

15) "부안군 관내 A학교 성폭력 자살교사 유가족의 손해배상 소송 기각돼", 부안독립신문, 2021.5.14.

사정이 이렇다 보니 인권을 거론하고 논하다 보면 매우 뜨겁고 격한 논쟁과 갈등마저 감수해야 하는 경우들이 흔히 생겨난다. 피해자의 인권은 이미 상실 또는 훼손되었다. 그래서 피해자인 것이다. 피해자가 스스로 자신의 인권을 말하고 주장하는 것은 매우 정당하고도 강력한 힘을 받게 된다. 그러나 피해자는 자신의 인권이 피해를 받았다는 것을 입증해야 한다. 이 과정에서 또 한 번 인권 침해가 발생할 수 있다. 개인정보가 노출될 위험이 있고 내밀함으로 보호받아야 하는 사생활의 자유를 깨뜨리게 될 위험의 가능성도 높다.

이와 같이 인권 피해자는 상실되거나 훼손당한 자신의 인권 회복과 상응하는 보상이나 배상을 원하게 된다. 하지만 인권 피해자는 사회적으로 약자인 경우가 많고 인권을 침해당한 상태에서 더욱 취약한 상태에 놓이게 된다. 그래서 인권 피해자에게는 옹호자 또는 대변자 역할을 할 제3자를 필요로 하게 된다. 여기에서 사회적으로 정당하고 신뢰할 수 있는 옹호자가 필요한 것이다. 임의의 제3자가 옹호자 역할을 하면서 인권이 왜곡되는 사례들이 발생하기도 한다. 심지어 인신공격의 무기로 사용되기도 한다. 인권이라는 틀(frame)을 가지고 가해자를 지목하고 공격하면 지목된 측은 매우 강한 도덕적 타격을 받게 된다. 앞에서 제기한 사건도 그런 측면이 있었다.

그리하여 정당한 제3자로서 옹호자 역할을 수행할 인력을 사회적으로 또는 제도적으로 육성할 필요가 있다. 법조인이나 경찰, 교육자, 종교인이나 언론인 등이 이러한 역할에 참여하기도 하지만 우리는 사회복지사가 이러한 역할을 담당하는 것에 대하여 관심을 가질 필요가 있다. 학생의 인권을 위하여 교육청에 인권센터가 설치되어 인권옹호관이 활동하고 있고, 자치단체에 인권센터가 설치되어 인권담당관이 활동하고 있는데, 사회복지사들이 이러한 역할을 담당할 수 있어야 한다. 이것이 사회복지학도가 인권을 공부해야 하는 이유이기도 하다.

반면에 가해자는 타인의 인권을 파괴하거나 손상시키고도 그 또한 인간이므로 인권의 보편성 때문에 '인권'이라는 보호막을 쓰게 되며 이 뒤에 숨게 될 가능성이 있다. 이러한 인권의 구도와 상황이 인권에 대해 차분하게 이성적으로 접근하는 것을 방해하는 측면이 있다. 매우 감정적이 될 수 있으며 격하게 비등할 정도로 휘발성이 강하다.

또 하나의 예를 들어보자. 미성년 아동에게 엽기적인 성범죄를 저질러 징역형을 선고받고 복역했던 범죄자가 만기 출소 후 기초생활보장 등 월 120만 원의 복지급여를 지급받는 것에 대해 이를 반대하는 청와대 국민청원이 제기되었다. 수만 명의 사람들이 이에 동의하는 등 분노하는 민심을 보여줬다.[16] 신체적, 성적으로 또한 정신적으로 참혹하게 유린되어 인권을 빼앗긴 피해자는 유린된 인권을 회복하지 못하고 있는데, 그 사이에 가해자는 국가의 예산으로 수감생활을 마치고 출소하여 국가의 복지급여를 신청하여 수급하는 권리 행사를 하고 있다는 것이다. 가해자의 인권 또한 보호되고 보장되어야 한다고 하니 사회공동체의 구성원들은 이에 매우 분노하였다.

이러한 상황은 국민들이 가지고 있는 기본적인 정의감에 맞지 않을 뿐만 아니라 피해자의 인권은 유린된 채 끝나버리는데 가해자의 인권은 계속 보호되는 모순을 사회구성원들이 용인하지 못하는 것이다. 끔찍한 범죄가 발생할 때마다 피해자에 대하여 사회는 무기력하게 바라보거나 고작해야 동정하는 수준이고, 가해자의 인권 보호(예를 들어 초상권 보호나 신상 보호 등)는 오히려 철저하게 준수된다는 분위기여서 인권에 대하여 부정적인 인식이 형성되기도 한다. 예컨대, 「성폭력방지 및 피해자보호 등에 관한 법률」(약칭: 성폭력방지법)은 성폭력을 예방하고 성폭력 피해자를 보호·지원함으로써 인권증진에 이바지함을 목적으로 한다(법 제1조). 그리하여 피해자 등에 대한 취학 및 취업 지원(법 제7조), 피해자에 대한 법률상담 등(법 제7조의

16) [동의하십니까] "이러려고 세금 낸 거 아니다" 조두순 기초생활수급 반대 청원, 쿠키뉴스, 2021.1.12.

2), 불법촬영물 등으로 인한 피해자에 대한 지원 등(법 제7조의3), 피해자 등에 대한 불이익 조치의 금지(법 제8조), 보호시설의 입소(법 제15조) 등에 대하여 규정하고 있지만, 가해자로부터 유린당하여 상실된 피해자의 인권을 회복하는 부분에 대하여는 이렇다 할 규정이 없다.

사실 상실된 인권을 회복한다는 것은 매우 어려운 일이다. 사정이 이렇다보니 피해자와 피해자를 응원하는 사람들은 가해자 처벌에 대하여 매우 응보적인 정의감을 가질 수밖에 없게 된다. 가해자 또한 인권의 주체로서 당연히 인권을 보장받아야 하지만 피해자와의 균형을 기준으로 하는 공정성의 원칙에 따라 어느 정도의 인권 침해는 유보되어야 한다는 인식이 팽배해지고 있다. 이것은 인간이면 누구나 인권을 갖는다는 보편성의 원칙에도 비판적으로 작용한다. 그것이 오히려 인권 가해자를 위해 사용되면서 피해자에게는 무기력한 원칙으로 인식되어 인권 개념 자체에도 부정적으로 작용하고 있다.

사회복지의 학문과 실천 및 제도의 측면에서 피해자의 인권 회복 방안에 대한 연구와 노력이 있어야 하지만 거의 찾아볼 수 없다. 이것은 매우 어려운 일이지만 지속적으로 추구해야 할 과제이다. 가해자의 처벌에 관한 것은 사법당국이 담당해야 할 것이고, 법학, 경찰학 등의 학문적 연구가 필요하겠지만, 사회복지학이 인권에 대한 접근을 할 때 인권 피해자의 인권회복을 위한 복지서비스를 개발하거나 모델을 구축하는 것은 매우 중요하고 의미 있는 실천이라고 하겠다.

가해자와 피해자의 구도 속에서 작동하는 인권의 개념적 특성에 따라 피해자 인권 회복 프로그램이나 전략을 구축하는 것을 사회복지 실천에서 주된 과제로 설정하는 것이 필요하다고 본다. 세계인권선언 등 선포된 인권이 약속한 것과 인권 침해의 현실 사이에는 엄연한 차이가 존재한다. 이러한 차이를 측은지심(惻隱之心)이나 당위적인 법률 규정에만 의존할 수는 없다. 인문사회과학적 지식과 이를 근거로 하는 사회복지학적 실천방법 및 기술, 제도적 지식을 총체적으로 구사하여 피해자 인권의 회복, 가해자와 피해자의 인권 균형 등에 관하여 이론, 실천모델과 제도 개발에 대한 연구들이 이어져야 할 것이다.

5. 인권 최소주의와 인간의 기본적 욕구

인권은 선험적(先驗的)으로 정해져 있는 권리가 아니라 인간 현실의 개선에 대한 기대이자 약속이다. 인권이 넓은 범위에 걸쳐 있는 폭넓은 권리라고 보는 것은 착각이다. 윌리엄 에드먼드슨(William Edmundson)은 인권은 극도로 특수하고 기본적인 요구들에 관한 것으로 일반적 권리나 도덕적 권리와는 다른 것이라고 했는데, 이에 따르면 인권이란 특수하고 좁은 범주의 특정 권리들만 지칭한다는 것을 이해할 필요가 있다.[17] 이것은 인권 최소주의(minimalism)를 말하는 것이다.

인권은 특정한 신념에 기초하고 있는 지고한 도덕적 이상을 다른 국가에 이식하거나 이상적인 도덕을 지향하는 최대 규범(maximum morality)이 아니라 이 기준 자체가 충족되지 않을 경우 인간으로서 기본적인 삶 자체가 유린되는 것을 막고자 하는 최소 규범(minimum morality)으로 이해된다. 예컨대, 이냐티프(Michael Ignatieff)는 고문, 살인, 강간 등 신체적 위해를 방지하기 위한 노력을 인권 최소주의(human rights minimalism)로 규정하고, 이것이 "우리가 희망할 수 있는 최대치"라고 주장하였다.[18] 즉, 인권이란 인간이 최고로 예우를 받거나 최대한의 것을 보장하는 것이 아니라 인간성, 인간됨을 유지하기 위해 최소한의 것을 보장받는다는 것이다. 사회복지학에서 중요하게 거론하는 인간의 기본적 욕구(human basic needs)와 마찬가지

17) Andrew Clapham, 박용현 옮김, 앞의 책, p.15.

18) 정원섭, "인권의 현대적 역설: 롤즈의 민주적 평화론에서 인권", 철학 112, 한국철학회, 2012, p.181.

이다.

인간이 인간으로서 존재하고 기능하기 위해 충족해야 하는 최소한의 기본적인 욕구가 인권의 관점에서 볼 때 보장되고 보호되어야 하는 최소한일 것이다. 이러한 인권의 최소주의는 언제 어디서나 누구에게나 보장되어야 한다는 인권 보편주의와 만나 정당성과 설득력을 높이게 되었다.

6. 정치적인 인권의 위선적 역사

인권은 제2차 세계대전의 와중에 정치적 전략으로 등장했다고 볼 수 있다. 당시 루스벨트(F. Roosevelt) 대통령은 미국 국민들로부터 제2차 세계대전 참전에 대한 동의를 얻어내기 위해 인권을 내세웠다.[19] 국제적으로 고립주의를 견지해 온 미국이 외교 전략을 바꿔 적극적으로 국제정치 무대로 나서기 위한 전략이었다. 그는 1941년 1월 6일 의회에 보낸 연두교서(Annual Message to Congress)에서 전쟁물자 제공의 필요성을 역설하면서 미국은 인간의 기본

19) Kirstin Sellars, 오승훈 옮김, 『인권, 그 위선의 역사』, 은행나무, 2003, pp.15~16.

적인 네 가지 자유가 바로 선 세상을 만들기 위해 싸우고 있다고 주장하였다. 자유는 최고의 인권을 의미한다고 선언했으며, "우리 투쟁의 본질은 미국인들만이 아닌 모든 인간이 자유로워야 한다는 것이다."라고 설파했다.[20] 여기에서 네 가지 자유란 표현과 신앙의 자유(freedom of expression and worship) 그리고 궁핍과 공포로부터의 자유(freedom from want and fear)를 말한다. 결국, 1941년 12월 진주만 폭격을 계기로 미국은 본격적으로 전쟁에 돌입했다. 1943년 루스벨트는 새로운 국제기구 건설에 관한 구상을 의회에 제안했는데, 그것이 바로 국제연합(United Nations)이었다. 미국 정부는 인권을 홍보하고 옹호함으로써 새로운 세계 질서에 도덕적 기초를 제공했으며, 숱한 우여곡절 끝에 1948년 12월 제3차 유엔총회에서 드디어 '세계인권선언(Universal Declaration of Human Rights)'이 채택되었다. 인권은 자신을 앞세워 활용한 이들에게 엄청난 정치적, 도덕적 이익을 챙기게 해 주었다. 어떻게 보면 이것이 지금껏 가장 중요하면서도 철저히 논의에 부쳐졌던 인권의 특징이다.[21] 이렇게 인권은 정치적 배경 속에서 정치적 이익을 확보하기 위한 근거 또는 수단으로 등장한 측면이 있다. 그 이후에도 인권은 국제정치 무대에서 상대국 또

---

20) Kirstin Sellars, 앞의 책, p.16.

21) 같은 책, p.21.

는 경쟁국을 압박하기 위한 수단으로 사용되어 왔다. 지미 카터(Jimmy Carter) 대통령부터 오바마(Barack Obama) 대통령, 최근 바이든(Joe Biden) 대통령까지 주로 미국 민주당 출신 대통령들이 인권을 내세워 중국, 북한 등을 정치적으로 압박하곤 하였다. 인권은 상대방을 억제하기 위한 정치적 도구이자 수단이 된 것이다. 정치에서 인권 대 반(反)인권의 프레임(frame)을 사용하는 것은 상대방에 대해 도덕적 우위를 점하여 정치적 이득과 지배를 관철시키기 위한 전략인 것이다. 인권의 피해자가 주장하거나 요구하는 인권은 강력하고도 정당한 메시지여서 힘을 받지만, 제3자나 국가 간에 인권을 내세워 공격하는 것은 매우 정치적인 전략이다. 인권이 타인이나 다른 나라를 공격하기 위한 도구로 이용되는 현실의 문제를 지적하지 않을 수 없다.

제3장

사회복지와 인권의 만남 : 역사적 개관

인류 역사상 최악의 전쟁으로 일컬어지는 제2차 세계대전의 종전(終戰)과 더불어 복지와 인권이 세계 역사 무대에 등장하였다. 1945년 영국 총선에서 압승을 거둔 노동당이 1948년 7월 5일 복지국가를 출범시켰고,1) 같은 해 12월 국제연합(UN)은 제3회 총회에서 세계인권선언(Declaration of Human Rights)을 채택하였다. 복지와 인권 모두 전쟁을 배경으로 전쟁에 대한 반작용으로 태어났다고 하겠다. 물론, 인권의 개념은 그 이전 근대 계몽주의 시대에 등장하였지만, 세계적으로 국제연합(UN)에 의해 공식적으로 선언됐다는 점에 주목하는 것이다. 이렇게 복지와 인권 모두 평화와 인간의 삶(생존)을 추구하려는 공통점을 가진

1) 한국사회과학연구소 편, 『복지국가의 형성』, 민음사, 1983, p.212.

것으로 볼 수 있다.

그러나 그동안 정작 인권과 복지의 관련성에 관한 연구나 교육은 찾아보기 어려웠다. 배경적으로는 인간 역사상 최악의 상황인 세계전쟁에 대한 반성적 차원에서 등장하였다고 설명했지만, 이에 관하여 양자가 밀접하게 상호작용을 했다고 보기는 어렵다. 제2차 세계대전은 처칠(W. Churchill)의 연설에서도 알 수 있듯이 직업군인들만의 전쟁이 아니라 국가 총력전이었고, 영국의 경우 최초의 인민전쟁(people's war)이었으며, 사회 전체의 복지 도모는 총력전 수행이나 다름없었다.[2] UN의 세계인권선언은 사실 전쟁에 대한 통렬하고도 실질적인 반성문이었던 것이다. 전쟁은 인간에 대한 총체적 부정(否定)이기 때문에 인간성을 주장하는 인권을 강력하게 반성적으로 선언한 것이며, 그 결과 받아들여졌다고 볼 수 있다.

이렇게 복지와 인권은 전쟁(제2차 세계대전)이라는 동일한 맥락에서 약간의 시차를 두고 탄생했다. 즉, 복지는 1948년 여름(7월) 태생이고 인권은 겨울(12월) 태생인 것이다. 그러나 영국 복지국가와 미국이 주도한 UN 인권선언이 각자의 길을 갔듯이 의미론적으로는 공통적인 연관성을 내포했더라도 현실세계에서 복지는 복지고, 인권은 인권이었다.

---

2) 한국사회과학연구소, 앞의 책, p.213.

그러다가 인권과 복지가 만나게 된 것은 전쟁이 발발하지 않았던 평화기임에도 불구하고 충격적인 인권문제가 발생하면서이다. 이에 대해 복지 쪽에서 반응을 보이면서 인권과 복지의 강한 결합 또는 상호작용을 하게 된 것이다. 이와 관련하여 의미 있는 국제적 계기와 국내적 계기를 살펴본다.

1. 국제적 계기:
1992년 LA 흑인폭동, 국제사회복지사연맹(IFSW), 국제사회복지교육협의회(ISSW), 그리고 UN 인권센터(Centre for Human Rights)

1992년 4월 29일, 미국 LA에서 흑인들이 폭동을 일으켜 방화와 폭력, 절도가 난무하는 거의 무정부적인 사태가 벌어졌다. 이 사태의 발단이 된 것은 백인 경찰들이 과속으로 운전하다 도망치던 로드니 킹(Rodney Glen King)이라는 흑인을 붙잡아 마구 구타한 사건이었다. 이 사건은 텔레비전으로 생생하게 보도돼 흑인 사회의 공분을 일으키게 됐는데, 여기에 더해 법원은 폭행을 가한 경찰들에게 무죄를 선고했다. 이를 계기로 인종차별과 경제적 박탈감에 시달려 온 흑인들의 분노가 임계점을 지나며 대규모로 폭발하게 된 것이다. 이 폭동으로 55명이 죽고 2,000여 명이 다쳤으며, 특히 한국계 주민들의 상점과 주택 피해가 컸다.

이 사건은 미국 사회의 가장 치명적이라 할 수 있는 두 가지 문제가 폭발한 것이었다. 이는 당연히 인권의 문제이자 차별 및 불평등의 문제였다. 그런데 그 해 7월 미국 워싱턴 D.C.(Washington D.C.)에서 국제 사회복지사연맹(International Federation of Social Workers)과 국제 사회복지교육협의회(International Association of Schools of Social Work)의 심포지엄이 워싱턴 D.C. 소재 미국 가톨릭 대학교(American Catholic University)와 흑인 전용 대학으로 1867년 설립된 하워드 대학교(Howard University)에서 개최되었다. 이때 심포지엄의 주제는 '정의(Justice)와 인권(Human Rights)'이었으며, 유엔(UN) 인권센터와 함께 사회사업 교육과 사회사업 전문가를 위한 교범(manual)을 배포하고 토론하였다.[3] 인종차별과 불평등으로 참혹한 상황이 벌어진 현장인 미국에서 역설적으로 인권문제와 사회복지 실천에 관한 토론의 무대가 만들어진 것이다.

이에 따르면, 사회사업 전문직이 인간의 욕구(human

3) UN, Teaching and Learning about Human Rights: A Manual for Schools of Social Work and the Social Work Profession, 1992.

needs)에 초점을 두는 것은 욕구의 충족이 선택의 문제가 아니라 기본적 정의(basic justice)라는 정명(正命, imperative)이라는 것을 깨닫는 것이며, 사회복지사가 클라이언트의 욕구를 충족시키고자 하는 것은 그들의 권리를 지키고 옹호하는 것이다.[4] 이 입장에 따르면, 인간의 욕구(human needs)를 충족케 하는 사회사업 또는 사회복지의 실천이 곧 인권을 추구하는 것이요, 정의(正義, justice)가 된다는 것이다.

2. 국내적 계기

사회복지에서 인권이 강조되는 국내적 계기는 2001년 국가인권위원회의 출범, 짐 아이프(Jim Ife)의 책 『인권과 사회복지 실천』의 번역본 출간, 한국사회복지사협회의 사회복지사 윤리강령의 개정, 그리고 소위 도가니 사건의 사회적 파장, 사회복지사 보수교육의 강화 등을 들 수 있다.

---

4) 같은 책, pp.8~9.

1) 국가인권위원회의 출범(2001)

1997년 민주적인 대통령 선거를 통해 당시 김대중 후보가 당선되면서 처음으로 평화적인 정권교체를 이루었다. 대한민국 민주화 운동의 상징이었던 김대중 대통령은 평생 민주주의와 인권 그리고 남북 화해와 협력을 위해 헌신한 점이 인정되어 2000년 대한민국 역사상 최초로 노벨 평화상을 수상하였다. 수상식 연설에서 김대중 대통령은 인권은 동서양을 불문하고 보호받고 존중되어야 할 보편타당한 가치라고 설파했다. 이러한 김대중 대통령의 공약으로 2001년 국가인권위원회가 설립되어 출범하였다. 「국가인권위원회법」이 2001년 5월 24일 법률 제6481호로 제정·공포되어 2001년 11월 25일 시행되었다. 이 법은 국가인권위원회를 설립하여 모든 개인이 가지는 불가침의 기본적 인권을 보호하고 그 수준을 향상시킴으로써 인간으로서의 존엄과 가치를 구현하고 민주적 기본질서의 확립에 이바지함을 목적으로 한다(법 제1조).

이 법에 따르면 '인권'이란 "헌법 및 법률에서 보장하거나 대한민국이 가입·비준한 국제인권조약 및 국제관습법에서 인정하는 인간으로서의 존엄과 가치 및 자유와 권리를 말한다."(법 제2조 제1호). 즉, 인권은 인간 존엄성의 가치 및 자유와 권리를 일컫는 것이다. 이 조문의 전단부

(前段部)에서 헌법 및 법률, 국제인권조약 및 국제관습법을 전제하여 인권의 개념이 실정법(實定法)에 의하여 비로소 인정되고 규정하는 것처럼 보일 수 있으나, 「헌법」 제10조에서 “모든 국민은 인간으로서의 존엄과 가치를 가지며, 행복을 추구할 권리를 가진다. 국가는 개인이 가지는 불가침의 기본적 인권을 확인하고 이를 보장할 의무를 진다.”라고 규정한 것을 보면, 법 이전의 생래적(生來的) 권리로서 인권을 인정하고 있다고 봐야 할 것이다.

헌법보다 하위규범인 법률은 이를 위반할 수 없으며,[5] 헌법에 의하여 체결·공포된 조약과 일반적으로 승인된 국제법규는 국내법과 같은 효력을 가진다(헌법 제6조 제1항). 그러므로 인권은 법률에 의해 비로소 인정되는 개념이 아니라 법률 이전에 인정된다. 다만, 국가에 의해 인정·확인되고 보장되는 절차가 있어야 한다.

이렇게 국가인권위원회가 설립되면서 사회복지계에서도 인권에 대한 관심이 높아지기 시작했다. 국가인권위원회에서도 법 제19조(업무),[6] 제24조(시설의 방문조사),[7] 제25

---

5) 만일, 법률이 헌법을 위반하면 위헌으로 무효가 된다.

6) **제19조(업무)** 위원회는 다음 각 호의 업무를 수행한다.

1. 인권에 관한 법령(입법과정 중에 있는 법령안을 포함한다)·제도·정책·관행의 조사와 연구 및 그 개선이 필요한 사항에 관한 권고 또는 의견의 표명
2. 인권침해행위에 대한 조사와 구제
3. 차별행위에 대한 조사와 구제

조(정책과 관행의 개선 또는 시정 권고)[8] 등에 근거하여 2006

---

4. 인권상황에 대한 실태 조사
5. 인권에 관한 교육 및 홍보
6. 인권침해의 유형, 판단 기준 및 그 예방 조치 등에 관한 지침의 제시 및 권고
7. 국제인권조약 가입 및 그 조약의 이행에 관한 연구와 권고 또는 의견의 표명
8. 인권의 옹호와 신장을 위하여 활동하는 단체 및 개인과의 협력
9. 인권과 관련된 국제기구 및 외국 인권기구와의 교류·협력
10. 그 밖에 인권의 보장과 향상을 위하여 필요하다고 인정하는 사항

7) 제24조(시설의 방문조사) ① 위원회(상임위원회와 소위원회를 포함한다. 이하 이 조에서 같다)는 필요하다고 인정하면 그 의결로써 구금·보호시설을 방문하여 조사할 수 있다.
② 제1항에 따른 방문조사를 하는 위원은 필요하다고 인정하면 소속 직원 및 전문가를 동반할 수 있으며, 구체적인 사항을 지정하여 소속 직원 및 전문가에게 조사를 위임할 수 있다. 이 경우 조사를 위임받은 전문가가 그 사항에 대하여 조사를 할 때에는 소속 직원을 동반하여야 한다.
③ 제2항에 따라 방문조사를 하는 위원, 소속 직원 또는 전문가(이하 이 조에서 "위원 등"이라 한다)는 그 권한을 표시하는 증표를 지니고 이를 관계인에게 내보여야 하며, 방문 및 조사를 받는 구금·보호시설의 장 또는 관리인은 즉시 방문과 조사에 편의를 제공하여야 한다.
④ 제2항에 따라 방문조사를 하는 위원 등은 구금·보호시설의 직원 및 구금·보호시설에 수용되어 있는 사람(이하 "시설수용자"라 한다)과 면담할 수 있고 구술 또는 서면으로 사실이나 의견을 진술하게 할 수 있다.
⑤ 구금·보호시설의 직원은 위원 등이 시설수용자를 면담하는 장소에 참석할 수 있다. 다만, 대화 내용을 녹음하거나 녹취하지 못한다.
⑥ 구금·보호시설에 대한 방문조사의 절차와 방법 등에 관하여 필요한 사항은 대통령령으로 정한다.

8) 제25조(정책과 관행의 개선 또는 시정 권고) ① 위원회는 인권의 보호와 향상을 위하여 필요하다고 인정하면 관계기관 등에 정책과 관행의 개선 또는 시정을 권고하거나 의견을 표명할 수 있다.
② 제1항에 따라 권고를 받은 관계기관 등의 장은 그 권고사항을 존중하고 이행하기 위하여 노력하여야 한다.

년 아동복지시설 인권평가지표를 개발하여 실시하기 시작하였고, 추후 장애인복지시설, 노인복지시설, 부랑인복지시설, 정신보건시설 등으로 확대해 나갔다. 이렇게 해서 민간 사회복지시설을 중심으로 사회복지계는 인권의 영향권으로 급속도로 편입되기 시작했다.

2) 인권 기반 사회복지 실천 강조한 짐 아이프의 책 『인권과 사회복지 실천』 국내 소개(2001) 및 초청 워크숍 개최(2006)

사회복지학에서 인권에 대하여 이렇다 할 언급도 없이 사회복지와 인권이 각자의 길을 걸어 왔다고 인정하는 분위기가 지배적일 때, 호주에서 교수직을 지낸 김형식 교수에 의해 호주 커틴 대학교(Curtin University) 교수 짐 아이프의 『인권과 사회복지 실천』(김형식 · 여지영 옮김, 인간과복지, 2001)이 국내에 소개되었다. 이 책에서 저자는 기존에 욕구(needs)에 기반한 사회복지로부터 권리(rights)에 기반한 사회복지로의 전환을 강조했다. 이 책이 국내에 소

---

③ 제1항에 따라 권고를 받은 관계기관 등의 장은 권고를 받은 날부터 90일 이내에 그 권고사항의 이행계획을 위원회에 통지하여야 한다.
④ 제1항에 따라 권고를 받은 관계기관 등의 장은 그 권고의 내용을 이행하지 아니 할 경우에는 그 이유를 위원회에 통지하여야 한다.
⑤ 위원회는 필요하다고 인정하면 제1항에 따른 위원회의 권고와 의견 표명 및 제4항에 따라 권고를 받은 관계기관 등의 장이 통지한 내용을 공표할 수 있다.

개됨으로써 사회복지학계에서도 비로소 인권에 관심을 보이기 시작했다고 할 수 있다.

이어서 2006년에는 국가인권위원회에서 짐 아이프 교수를 초청하여 사회복지 분야 인권 관점 확산을 위한 워크숍을 서울과 부산에서 순차적으로 개최하였다.[9] 이를 계기로 사회복지 분야에서 인권을 적극적으로 받아들이려는 분위기와 노력이 획기적으로 확산됐다고 볼 수 있겠다.

3) 사회복지사 윤리강령의 제3차 개정과 사회복지사 선서문(2001)

한국사회복지사협회는 1982년 1월 15일 사회복지사 윤리강령을 제정한 이래 1988년 3월 26일 1차 개정, 1992년 10월 22일 2차 개정을 거쳐 2001년 12월 15일 3차 개정을 이루어 현재에 이르고 있다. 이것은 21세기에 진입하면서 전부 개정된 윤리강령이다. 이 윤리강령의 개정은 앞서 언급한 짐 아이프 교수나 국가인권위원회 출범 등과 독립적으로 추진되고 이루어졌지만 이전의 윤리강령에 비하여 확연하게 인권을 강조한 특징을 가지고 있다.

강령의 전문(前文)을 보면, 사회복지사는 인본주의를 바

9) 국가인권위원회, Jim Ife 초청 사회복지 분야 인권관점 도입・확산을 위한 워크숍, 2006.

탕으로 인간의 존엄성과 가치 존중, 천부의 자유권과 생존권 보장 활동에 헌신할 것을 선언하였다. 또한 개인의 주체성과 자기결정권을 보장하는 데 최선을 다하도록 요구하고 있다. 이는 사회복지 실천에서 인권의 이념과 가치를 추구하겠다는 것을 선포한 것이다.

또한 이때 사회복지사 윤리강령과 함께 공포된 '사회복지사 선서문'은 인간다운 삶, 인간 존엄성을 바탕으로 소외되고 고통받는 사람들의 인권과 권익을 지키겠다는 다짐을 나타냈다. 이는 보편적 인권을 지키겠다는 의지까지는 아니지만 고통받고 소외된 사람들, 흔히 사회적 약자로 일컬어지는 특정 집단에 속한 사람들의 인권을 지키겠다는 공식적인 다짐으로써, 사회복지사가 인권을 위하여 헌신하겠다는 의지를 표한 것이다. 이러한 윤리강령과 선서문을 볼 때, 비로소 인권 이념을 사회복지 실천의 목표로 천명했다고 볼 수 있다.

이렇게 해서 인권은 사회복지사 윤리강령에서 핵심적이고 중요한 위치를 갖는 이념과 목표가 되었고, 나아가 이를 대외적으로 천명(闡明)한 것이다. 공교롭게도 짐 아이프 교수의 책이 국내에 소개된 직후 공포된 한국 사회복지사협회 윤리강령의 개정과 사회복지사 선서문은 이와 무관하게 추진되어 온 것이지만 인권의 이념을 사회복지 실천의 공식적인 이념이자 가치로 선언했다는 점에서 커다란 의미를 갖는다.

사회복지사를 양성하는 교육 과정에서 '인권'에 대하여 교육하지는 않았지만 사회복지사들이 자신들의 윤리강령에서 인권의 중요성을 강조하고 실천의 목표로 선포한 것은 매우 의미 있는 일이다. 우리나라의 대표적인 인권이론가인 조효제 교수가 지난 2018년에 "이렇게 훌륭한 강령을 만들어 놓고 왜 그것을 학생 때부터 확실히 가르치지 않는가."[10]라고 일갈한 것은 사회복지계 스스로 돌아봐야 할 일이다. 그는 이에 덧붙여 "만일 사회복지사들이 윤리강령을 철저히 배웠더라면 인권에 대해 방어적이 되거나 피해의식을 갖는 일은 없었을 것이다."라고 주장하였다.[11]

4) 인권지향적 입법들

1989년 UN총회에서 채택된 '아동권리 협약'(Convention on the Right of Child)을 1991년 비준하여 「헌법」 제6조 제1항에 따라[12] 국내법과 같은 효력을 갖게 되었다. 2007년 4월 10

10) "[조효제의 인권 오디세이] 사회복지사와 인권", 한겨레신문, 2018.8.28.

11) 같은 글.

12) 헌법에 의하여 체결·공포된 조약과 일반적으로 승인된 국제법규는 국내법과 같은 효력을 가진다.

일 「장애인차별금지 및 권리구제 등에 관한 법률」 제정(2008년 4월 11일 시행, 보건복지부 소관), 2008년 「장애인 권리 협약」(Convention on the Rights of Persons with Disabilities) 비준, 2014년 1월 28일 「아동학대범죄의 처벌 등에 관한 특례법」(법무부 소관)의 제정 및 시행(2014년 9월 29일) 등 사회적 약자인 아동과 장애인에 대한 인권을 보호하려는 입법들이 제정되고 관련 국제조약들이 비준(批准)[13]되어 국내법화되었다. 이러한 추세와 경향은 사회복지 분야의 인권에 대한 관심 및 존중이 고조되는 결과를 가져오게 하였다.

5) 소위 '도가니 사건'의 파장과 도가니법 제정(2009, 2011)

2005년 광주 인화학교에서 장애아동에 대한 성폭력 사건이 발생하였고, 이를 TV 시사고발 프로에서도 다루었다. 2009년 공지영 작가의 소설 『도가니』가 발표되면서 사건이 재조명되고 전국적으로 커다란 파장을 일으켰고, 2011년에는 소설을 기반으로 같은 제목의 영화가 개봉되

13) 대표자가 체결한 조약안을 당사국이 최종적으로 확인하는 행위로서 국회는 상호원조 또는 안전보장에 관한 조약, 중요한 국제조직에 관한 조약, 우호통상항해조약, 주권의 제약에 관한 조약, 강화조약, 국가나 국민에게 중대한 재정적 부담을 지우는 조약 또는 입법사항에 관한 조약의 체결・비준에 대한 동의권을 가진다(헌법 제60조 제1항).

어 상영되면서 사회적으로 엄청난 파장을 일으켰다. 소설도 우리 사회에 충격을 줬지만 영화의 파급효과가 훨씬 컸다고 하겠다. 이렇게 분노한 대중의 여론에 힘입어 장애인 성폭력에 대한 처벌을 강화하는 법률 등이 제정되었고, 이는 소위 '도가니법'으로 불렸다. 또한 사회복지 분야에서도 민간 사회복지의 기본적 사항들을 규정한 「사회복지사업법」에서 인권을 강조하는 개정이 이어졌다. 이 사건이 발생한 곳은 특수학교로서 사실, 이 문제는 교육 분야, 특히 장애인 특수교육에서 발생한 문제였다. 그러나 인화학교의 설립주체가 사회복지법인이었고 대상이 장애인이다 보니 대중적으로 사회복지의 문제로 전달되고 상징되었다. 사회복지 영역에서 인권의 문제, 그것도 약자인 장애아동에 대한 성폭력 등으로 나타나 사회복지 분야의 반인권적 문제로 인식되었다. 그리하여 비로소 사회복지법들에서 인권을 강조하기 시작했다고 하겠다.[14)]

사회복지시설에서 인권 침해 문제가 발생한 것은 으레 벌어지기 일쑤인 사건으로 받아들여질 정도였기 때문에 그렇게 충격적이지도, 새롭지도 않은 상황이라고 할 수

---

14) 2012년 1월 26일 법률 제11239호 사회복지사업법 일부개정 법률에서 "사회복지사업을 시행하는 데 있어서 사회복지를 제공하는 자는 사회복지를 필요로 하는 사람의 인권을 보장하여야 한다."(법 제1조의2 제3항). 당시 법 제1조의2(기본이념)가 시설되어 서비스 신청(제1항), 사회복지법인 및 시설, 사회복지사업의 공공성(제2항)과 인권 보장(제3항)이 규정되었다.

있다. 1987년 우리 사회에 엄청난 충격을 가져다준 부산 형제복지원 사건을 필두로 하여 1992년 소쩍새마을 사건, 1996년 평택 에바다농아원 사건, 1998년 양지마을 사건 등이 줄줄이 터져 나왔다. 사실, 이 사건들은 규모와 질적인 면에서 도가니 사건보다 훨씬 더 끔찍한 사건들이었다. 그런데 도가니 사건은 그 이름부터 소설에서 비롯됐고 영화화되면서 대중들에게 인지도 면에서 단연 압도적이었다고 볼 수 있다. 그 결과 사회적으로 커다란 반향을 일으키게 된 것이다. 분노한 여론에 떠밀려 정부 차원에서 입법적 대응에 나서게 되었고 사회복지법에서 비로소 인권의 이념을 강조하기 시작했다. 이후 사회복지 분야에서 인권을 강조하는 것이 매우 당연하고 자연스럽게 보이는 상황이 이루어졌다. 그리하여 이때부터 '인권과 복지'는 하나의 묶음처럼 불리는 경향이 나타나기 시작했다.

6) 사회복지사업법의 인권 강화 규정

비록 선언적이기는 하지만 「사회복지사업법」에서 인권을 강조하는 규정들이 생겨났다. 구체적으로 다음과 같다.

제1조(목적) 이 법은 사회복지사업에 관한 기본적 사항을 규정하여 사회복지를 필요로 하는 사람에 대하여 인간의

존엄성과 인간다운 생활을 할 권리를 보장하고 사회복지의 전문성을 높이며, 사회복지사업의 공정·투명·적정을 도모하고, 지역사회복지의 체계를 구축하고 사회복지서비스의 질을 높여 사회복지의 증진에 이바지함을 목적으로 한다. 〈개정 2012. 1. 26., 2017. 10. 24.〉

제1조의2(기본이념) ① 사회복지를 필요로 하는 사람은 누구든지 자신의 의사에 따라 서비스를 신청하고 제공받을 수 있다.

② 사회복지법인 및 사회복지시설은 공공성을 가지며 사회복지사업을 시행하는 데 있어서 공공성을 확보하여야 한다.

③ 사회복지사업을 시행하는 데 있어서 사회복지를 제공하는 자는 사회복지를 필요로 하는 사람의 인권을 보장하여야 한다.

④ 사회복지서비스를 제공하는 자는 필요한 정보를 제공하는 등 사회복지서비스를 이용하는 사람의 선택권을 보장하여야 한다. 〈신설 2017. 10. 24.〉

[본조신설 2012. 1. 26.]

제4조(복지와 인권증진의 책임) ① 국가와 지방자치단체는 사회복지서비스를 증진하고, 서비스를 이용하는 사람에 대하여 인권침해를 예방하고 차별을 금지하며 인권을

옹호할 책임을 진다. 〈개정 2012. 1. 26.〉

② 국가와 지방자치단체는 사회복지서비스와 보건의료서비스를 함께 필요로 하는 사람에게 이들 서비스가 연계되어 제공되도록 노력하여야 한다.

③ 국가와 지방자치단체, 그 밖에 사회복지사업을 하는 자는 사회복지를 필요로 하는 사람에 대하여 그 사업과 관련한 상담, 작업치료(作業治療), 직업훈련 등을 실시하고 필요한 경우에는 주민의 복지 욕구를 조사할 수 있다.

④ 국가와 지방자치단체는 도움을 필요로 하는 국민이 본인의 선호와 필요에 따라 적절한 사회복지서비스를 제공받을 수 있도록 사회복지서비스 수요자 등을 고려하여 사회복지시설이 균형 있게 설치되도록 노력하여야 한다.

⑤ 국가와 지방자치단체는 민간부문의 사회복지 증진활동이 활성화되고 국가 및 지방자치단체의 사회복지사업과 민간부문의 사회복지 증진활동이 원활하게 연계될 수 있도록 노력하여야 한다.

⑥ 국가와 지방자치단체는 사회복지를 필요로 하는 사람의 인권이 충분히 존중되는 방식으로 사회복지서비스를 제공하고 사회복지와 관련된 인권교육을 강화하여야 한다. 〈신설 2012. 1. 26.〉

⑦ 국가와 지방자치단체는 사회복지서비스를 이용하는 사람이 긴급한 인권침해 상황에 놓인 경우 신속히 대응할 체계를 갖추어야 한다. 〈신설 2012. 1. 26.〉

⑧ 국가와 지방자치단체는 시설 거주자의 희망을 반영하여 지역사회보호체계에서 서비스가 제공될 수 있도록 노력하여야 한다. 〈신설 2012. 1. 26., 2019. 1. 15.〉

⑨ 국가와 지방자치단체는 사회복지서비스를 필요로 하는 사람들에게 사회복지서비스의 실시에 대한 정보를 제공하여야 한다. 〈신설 2012. 1. 26.〉

⑩ 국가와 지방자치단체는 사회복지서비스를 제공하는 자로부터 위법 또는 부당한 처분을 받아 권리나 이익을 침해당한 사람을 위하여 간이하고 신속한 구제조치를 마련하여야 한다. 〈신설 2017. 10. 24.〉

[전문개정 2011. 8. 4.]

[제목개정 2012. 1. 26.]

제5조(인권존중 및 최대 봉사의 원칙) ① 이 법에 따라 복지업무에 종사하는 사람은 그 업무를 수행할 때에 사회복지를 필요로 하는 사람을 위하여 인권을 존중하고 차별 없이 최대로 봉사하여야 한다. 〈개정 2012. 1. 26., 2017. 10. 24.〉

② 국가와 지방자치단체는 복지업무에 종사하는 사람이 그 업무를 수행할 때에 사회복지를 필요로 하는 사람의 인권을 침해하는 행위를 한 경우에는 제2조 제1호 각 목의 법률이 정하는 바에 따라 처분하고 그 사실을 공표하는 등의 조치를 하여야 한다. 〈신설 2017. 10. 24.〉

[전문개정 2011. 8. 4.]
[제목개정 2012. 1. 26.]

이상과 같이 대개 2011년과 2012년 이후 조문의 제정이나 개정, 조문 제목의 개정 등을 통하여 '인권'을 삽입한 규정들이 급격하게 늘어났다. 인권존중과 옹호 그리고 인권침해에 대한 대응, 개인의 의사와 선택 존중 및 반영 등을 규정하고 있다. 그러나 이 법에서 규정하고 있는 '인권'이 구체적으로 무엇인지 법적 정의(定義)는 규정되지 않고 있다. 이에 대해 언급한 규정은 없으나 앞에서 언급한 「국가인권위원회법」 제2조 제1호의 인권의 정의(定義)를 따르는 것으로 봐도 무방할 것으로 본다. 그러나 사회복지의 관점에서 필요하다면 「사회복지사업법」에서 '인권'에 대하여 용어의 정의를 규정할 필요가 있다.

7) 사회복지사 보수교육의 강화

한편으로 사회복지사 보수교육에서도 인권교육이 강화되기 시작하였다. 그 근거 규정은 다음과 같다(사회복지사업법 제10조).

제10조(지도 · 훈련) ① 보건복지부장관은 이 법이나 그

밖의 사회복지 관련 법률의 시행에 관한 사무에 종사하는 공무원과 사회복지사업에 종사하는 사람의 자질 향상을 위하여 인권교육 등 필요한 지도와 훈련을 할 수 있다. 〈개정 2012. 1. 26.〉

이렇게 사회복지사의 보수교육에 대하여 인권교육을 강화하는 방향으로 입법의 개선이 이루어진 것 또한 '도가니 사태'(영화화된 2011년) 이후라고 하겠다.

8) 사회복지학 교과목 "사회복지와 인권" 등장

「사회복지사업법」 시행규칙 [별표1]은 사회복지학 전공교과목과 사회복지관련 교과목을 규정한다. 이는 2019년 8월 12일 개정되어 2019년 10월 1일 시행되었다. 여기에 기존 교과목에 더하여 선택과목으로서 〈사회복지와 인권〉이 추가되었다. 대학의 '20학번 학생들부터 해당 대학에서 〈사회복지와 인권〉 교과목을 개설하여 가르치고 이수할 수 있게 된 것이다. 즉, 〈사회복지와 인권〉이라는 교과목이 고등교육법상 대학 및 대학교 사회복지학과의 법정 교과목으로 인정된 것이다.

이것은 사회복지학과 인권이 만나는 매우 실질적이고 강력한 계기가 되었다고 할 수 있다. '20학번 이전의 사회복지학과 졸업생들은 대부분 학사과정 중에 사회복지학 전공 교과목으로 인권에 관하여 배우지 못했는데, '20 학번부터는 선택적이지만 인권 관련 교육을 받을 수 있게 되었으니 사회복지와 인권의 만남 중에서 가장 공고한 계기가 될 것으로 보인다.

제4장

인권과 사회복지의 관계

인권과 사회복지의 관계를 어떻게 이해하고 규정해야 할 것인가? 최근의 경향을 보건대, '인권'과 '사회복지'를 하나의 묶음처럼 사용하는 용례들이 많아지고 있다. '인권과 복지', '사회복지와 인권' 등과 같은 표현들이 강의나 강연의 제목으로 또는 토론회의 주제어로 쉽게 쓰이고 있는 것 같다. 사정이 이렇다 보니 '인권'과 '사회복지'는 마치 하나의 짝을 이루는 개념처럼 불리고 있다. 심지어 거의 동의어처럼 쓰이기도 한다. 이 둘의 관계는 짝 개념이나 자매어 같은 착각을 일으킬 정도로 밀접하게 사용되고 있다.

2013년 사회복지학 교육에서 인권과목을 개설하기 위한 연구가 이루어졌다. 여기에서도 우선적으로 인권과 사회복지 양자 간의 긴밀한 관계를 이해하는 것이 필요하다고 보고, 더구나 인권은 사회복지라는 절대명제가 입증되어야 할 필요가 있다고 하였다.[1] 하지만 이 연구에서 인권과 사회복지의 관계가 명확하게 규명되지는 않았다. 다만, 인권과 사회복지 연계의 타당성과 유용성 그리고 실행가능성의 세 측면으로 나누어 살펴봐야 한다는 점을 전제하면서 양자가 이론적, 현실적으로 상호 중첩되어 있다는 점을 언급하고 있다.[2]

그러나 인권과 사회복지가 이렇게 밀착되거나 유착된 현상을 보이기 전까지는 인권은 인권이요, 복지는 복지였다. 최근과 같이 사회복지와 인권이 매우 밀착되어 거론되는 것이 특이하게 보인다면 그 이전에 이 둘이 서로 소원하게 남남처럼 별개의 개념과 범주로 남아 있었던 것도 특이하게 보인다. 복지는 복지대로, 인권은 인권대로 따로 흘러온 것은 현재의 관점에서 보면 신기할 정도로 이상하게 보인다. 또한 기존의 관점과 분위기에서 보면 현재 이 둘이 밀착된 현상을 나타내는 것 또한 특이하게 보이는 것도 사실이다. 그래서 인권과 사회복지가 왜 독자적으로 존재해 왔는지 그리고 이제 와서 왜 이렇게 밀접한 관계를 보이는지 탐구해 볼 필요가 있다.

---

1) 심창학・강욱모・백화옥, 『사회복지 분야 대학교 인권과목 개설을 위한 기초연구』, 국가인권위원회, 2013, p.11.

2) 같은 글.

1. 가까이 하기엔 멀었던 인권과 복지

1) 인권은 자유권 중심이라는 인식

우리나라에서 그동안 우리가 '인권'이라는 단어를 듣거나 보았을 때 우선적으로 떠올리는 것은 아마도 대개는 자유권적 인권의 개념이었을 것이다. 아무래도 독재정권 치하에서 전개된 민주화 투쟁과 연관지어 생각해 왔다고 할 수 있겠다. 그래서 인권이라 하면 고문, 강제수용 및 강제노역, 집단 학살, 시위에 대한 경찰의 탄압, 언론 기사에 대한 사전 검열, 음악과 미술 등 예술활동과 작품에 대한 권력의 검열과 탄압 등 대개 우리나라 군사독재체제에서 겪었던 억압과 통제 그리고 민주화 투쟁과 관련한 사항들이다.

인권은 독재에 맞선 민주화 투쟁의 전면에서 다루는 가치와 내용으로 인식되었고,[3] 민주화 투쟁에서 복지의 문제나 쟁점이 직접적으로 제기되었거나 다루어진 경우는 드물었다. 사정이 이렇다 보니 복지는 인권으로부터 한 발 떨어져 있는 것으로 인식될 수밖에 없었다. 그러니까

3) 심창학 · 강수택 엮음, 『사회정책과 인권: 인권 기반 사회정책의 관점과 영역』, 오름, 2011, p.83.에서도 유사한 입장을 보이고 있다.

인권은 자유권적 개념으로 인식되는 경향이 강했고 복지와는 어느 정도 거리를 두고 있다는 인식이 두드러졌다.

2) 사회복지는 사회권 중심이라는 관점

인권의 내용을 세대의 관점에서 정리한 바작(K. Vasak)의 인권세대론이 흔히 인용되고 있는데[4], 시민적·정치적 권리 중심의 1세대 인권(자유권), 경제·사회·문화적 권리 중심의 2세대 인권(사회권), 집단적 권리로서 환경권, 발전권 및 평화권 등 3세대 인권(연대권)을 말한다. 그렇다고 해서 인권이 자유권-사회권-연대권의 순서로 발전해 왔다고 단정할 수는 없다. 그러나 내용적으로 중요한 것은 사회복지에 대한 권리를 포함하는 사회권이 2세대 인권으로서 중요한 위치를 갖는다는 점이다.

사회복지는 인권의 한 축을 담당하는 사회권의 내용을 이룬다는 점이 인권과 사회복지의 관계를 소원하게 하기도 했고 밀접하게 인식하게 하기도 했다는 이중적 역할을 담당했던 것 같다. 사회권을 사회복지의 중요한 부분으로 인식하다 보니 모든 사람의 보편적인 인권보다는 장애인, 여성, 아동, 노인, 외국인 노동자, 빈민 등 특수한 범주의

4) 김수정 외, 앞의 책, pp.45~46.

집단에 속한 사람들의 권리로서 인식하는 경향이 컸다.

이러한 이유로 사회복지를 일반적이고 보편적인 사람들의 권리로 보는 것보다는 특수한 계층이나 집단에 속하는 사람들의 권리로 인식하는 경향이 사회권을 적극적으로 인권으로 인식하고 주장하는 것을 주저하게 한 것 같다.[5)]

복지권을 포함하는 사회권이 인권의 한 축을 이루는 것은 맞지만 그렇다고 해서 인권이 곧 복지라거나 복지가 곧 인권이라고 하는 것은 너무 성급하거나 과장된 표현으로 볼 수밖에 없다. 양자가 밀접한 관계에 있다는 것은 사실이라고 할 수 있겠지만 동일 개념처럼 말하는 것은 지나치다.

2. 거리 두기 단축되는 인권과 복지의 관계 변화

그동안 사회복지 실천 현장이나 사회복지 제도의 운영에서 인권을 어떻게 반영하고 실천해야 하는지 안내해주는 지침서나 슈퍼비전도 찾기 힘든 형편이었다. 대학의 사회복지학 교육에서 가르치는 〈사회복지 실천론〉이나 〈사회복지 실천기술론〉, 더 나아가 〈사회복지 정책론〉

5) 심창학 · 강수택, 앞의 책, p.85.

등에서 '인권'을 다룬 경우를 찾기 힘든 상황이었다. 기껏해야 〈사회복지 법제론〉의 교재 일부에서 '권리로서 사회복지'를 다루면서 인권, 시민권, 기본권, 수급권 등을 순차적으로 체계를 이루는 것처럼 소개하고 있는 정도였다.[6)]

사정이 이렇다 보니 인권은 인권운동가들의 전유물이 되었고, 인권은 주로 법률 전문가들이 대변하는 것으로 여겨져 왔다. 그 결과 인권 현장에서 사회복지 전문가를 보기 어려웠고 사회복지 현장에서 인권 전문가를 찾기 어려웠다. 인권에 대한 학술적인 접근은 전통적으로 법학, 철학 그리고 정치학, 사회학 등에서 주도되어 왔으며, 사회복지학 문헌에서는 인권에 관한 언급을 찾기 어려웠다.[7)] 다만, 최근 들어 '인권'에 관심을 가지는 사회복지 전문가들이 늘어나고 있고, 사회복지사 보수교육에서 인권교육을 강조하고 있어[8)] 상당히 변화된 모습을 보

6) 윤찬영, 『사회복지법제론』 개정7판, 나남출판, 2017, p.311. 이하.
이 책의 초판은 1998년이었으나 '인권'관련 내용이 수록된 것은 개정3판(2005)부터였다. 아마도 2001년 사회복지사 윤리강령과 선서문 공포, 짐 아이프 교수의 책 소개 등을 접하면서 사회복지학 교과목 중 그나마 인권을 다루기에 가장 근접한 과목이라는 판단하에 집필된 것 같다.

7) Ife, J., 김형식 · 여지영 옮김, 『인권과 사회복지 실천』, 인간과 복지, 2001, p.57.

8) 「사회복지사업법」 제13조 제2항은 "보건복지부장관은 사회복지사의 자질 향상을 위하여 필요하다고 인정하면 사회복지사에게 교육을 받도록 명할 수 있다. 다만, 사회복지법인 또는 사회복지시설에 종사하는 사회복지사는 정기적으로 인권에 관한 내용이 포함된 보수교육(補修敎育)을 받아야 한다."

이고 있다.

이러한 변화의 양상을 보면, 대개 '인권과 복지'를 하나의 묶음 또는 덩어리로 말하는 경향이 있다. 특히, 최근 들어 사회복지학계와 사회복지 현장에서 '인권'을 강조하는 것이 마치 유행처럼 보편화되면서 '인권과 복지' 또는 '인권과 사회복지', '사회복지와 인권' 같은 조어(造語)가 매우 빈번하게 쓰이고 있어, '인권'을 말할 때 '복지'라는 단어를 수반하는 것이 당연한 것처럼 보이도 한다. 또한 앞에서 소개하였듯이 사회복지사 자격 취득과 관련하여 이수해야 할 교과목 중 선택과목으로 〈사회복지와 인권〉이 추가되었다(사회복지사업법 시행규칙 [별표1]).[9)]

사회복지학 입장에서도 '복지'를 말할 때 '인권'과 더불어 지칭하게 되면 더욱 정당하거나 강력해 보이기도 하는 측면이 있기도 하다. 실제로 사회복지학에서 '인권'을 대대적으로 부각시키기 시작한 것이 한국사회복지학회 창립 50주년을 기념하여 학술대회가 개최된 2007년 춘계 학술대회가 계기였던 것 같다.[10)] 그 이후 5년만인 2012년 춘

〈개정 2012. 1. 26.〉라고 규정하여 사회복지 보수교육에서 인권교육을 강조하고 있다.

9) 사회복지사업법 시행규칙 제3조 제3조 제1항 별표1(2019. 8. 12. 개정, 2019. 10. 1. 시행). 이것은 2020학번 학생들부터 적용된다.

10) 2007년 4월 20일~21일 서울대학교에서 열린 사)한국사회복지학회 창립

계학술대회에서 〈한국사회의 복지권: 쟁점과 과제〉라는 주제를 다루며 인권과 사회권 그리고 사회복지에 관련된 기획주제 논문발표와 토론이 벌어졌다.[11)]

사정이 이렇게 변화하다 보니, '인권'과 '복지'는 이제 거의 동의어처럼 쓰이거나 매우 밀접한 관련이 있는 자매어처럼 치부되는 경향들이 나타나고 있다. 이러한 경향과 분위기 속에서 출간된 책들을 보면, 대개는 인권과 복지의 친밀성을 강조하고 있다. 하지만 정작 양자의 관계의 의미와 성격에 대해서 명확하게 논증하는 저작은 거의 찾아보기 어렵다. 그보다는 양자의 관계에 대하여 그저 '가깝다', '관련 있다' 등으로 두리뭉실하게 표현하면서 매우 조심스러운 입장들을 보이고 있는 상황이다.[12)] 또는 복지권 및 사회권에 대한 설명과 인권 및 사회복지에 대한 국

50주년 기념 국제 학술대회의 주제가 "인권과 사회정의-사회복지 사명의 재고찰(Human Rights and Social Justice: Rethinking Social Welfare's Mission)"이었다. 이후 "인권과 사회복지"를 주제로 한 책들이 출판되기 시작했다.

11) 2012년 4월 27~28일 한국사회복지학회 춘계학술대회에서 "사회권 관점에서 본 한국사회복지정책"(문진영), "복지권 관점에서 본 한국 거주시설"(유동철), "인권 관점에서 본 한국 사회복지 실천"(김미옥) 등의 기획주제 논문이 발표되고 토론되었다.

12) 손병돈 외, 『사회복지와 인권』, 양서원, 2008, p.13.
백화옥 외, 『인권과 사회복지』, 나남출판, 2015, pp.61~63.
고명석, 『인권과 사회복지 실천』, 대왕사, 2016, pp.106~107.
양옥경, 『사회복지 윤리와 인권』, 공동체, 2017, pp.141~142.

가의 법적 책임을 보여줌으로써 '사회복지와 인권'에 대한 설명을 갈음하기도 한다.[13] 그러나 우리나라 사회복지계에 짐 아이프 교수의 『인권과 사회복지 실천』을 소개하고 널리 전파한 김형식 교수는 더 나아가 사회복지를 인권옹호 전문직으로 보는 등[14] 사회복지와 인권의 관계를 매우 적극적으로 밀착된 관계로 규정한다.

이 부분에 대하여는 정황적이거나 선언적인 태도를 넘어 좀 더 논리적이거나 이론적인 답변을 구축할 필요가 있다. 즉, 막연하거나 추상적인 수준을 넘어서 사회복지와 인권의 내적 연관성과 논리적 관계를 규명하는 것이 학문적인 과제요 연구의 출발점이라고 본다.

그러나 막상 인권과 복지를 '왜' 또는 '어떻게' 한 묶음으로 말해야 하는지 묻는다면 즉답을 하기 어려운 것도 사실이다. 그리하여 인권과 복지에 관하여 양자의 관련성의 논거를 제시하고자 하니 시작부터 말과 글이 옹색해지고 심지어 불편하기까지 하다. 사회복지와 인권을 하나의 묶음처럼 말하는 것이 어색하거나 이상하다기보다 오히려 자연스럽고 당연하게 보이기도 한다. 그러나 왜 그런 것인지 설명하자니 참으로 막연하고 막막해진다.

---

13) 김수정 외, 앞의 책, 제4장.

14) 김형식 외, 『유엔 장애인 권리협약 해설: 복지에서 인권으로』, 어가, 2019, pp.61~63.

인권과 복지를 다룬 기존의 저작들을 보더라도 인권과 복지의 관계를 어떻게 인식해야 하는지, 어떻게 설정해야 하는지 쉽고 당연해 보이면서도 분명하게 정리하는 것이 매우 곤혹스럽고 난해하다는 태도들을 보인다. 예컨대 문진영 교수는 사회복지가 '인권강화'에서 출발했고 인권의 입장에서도 사회복지를 인권 실천의 중요한 수단으로 본다면서도 양자 사이에 당위론을 넘어 구체적인 결합이 이루어지지 않고 있다는 지적을 하는데, 그 이유로 양자의 관계가 명확하게 설정되어 있지 않기 때문이라는 점을 지적했다.[15] 인권과 복지는 어떤 관계에 있는지, 둘의 관계를 어떻게 보느냐에 따라서 인권과 복지를 왜 한 세트처럼 묶어서 말해야 하는지, 그것이 어떻게 가능한지 그 실마리를 풀 수 있을 것이다.

사회복지는 학문적으로나 실천적으로 인권과 매우 밀접하다는 것에 이의를 제기하는 사람은 별로 없다. 그렇다고 해서 양자의 관계를 확연하게 제시하는 경우를 찾아보기 어려운 것도 사실이다.

15) 문진영, "인권과 사회복지: 쟁점 분석", 비판사회정책 제39호, 비판과 대안을 위한 사회복지학회, 2013, p.83.

3. 인간다움 그리고 인간다운 삶

우리나라에 인권 개념과 관련한 이론 등이 널리 전파된 데에는 아무래도 사회학자 조효제 교수의 노력이 크다고 하겠다.[16] 그는 인권과 관련하여 많은 저작들과 번역서를 출간하여 우리나라에 인권의 개념과 이념을 이론적으로 널리 전파하는 데 커다란 기여를 하였다. 이 중에서 비교적 후기 저작에 속하는 『조효제 교수의 인권 오디세이』(2015)는 인간답게 살 권리를 중심으로 하여 인권을 논하고 있어, 인권 전문가인 저자가 결국 인권을 찾는 항해 끝에 결국 복지적 관점에 기착하여 다룬 것이 아닌가 하는 생각을 해 본다. 이 책의 서문인 '들어가는 글'의 제목이 '인간답게 산다는 것'이다. 이 책은 인간이 인간답게 산다는 것이 무엇인지를 찾기 위한 필자의 오래된 여정의 기록이다.[17] '오디세이(odyssey)'라는 말 자체가 장기간의 모험 여행이나 방랑을 뜻하는 것처럼 답을 찾아 오랫동안 노력하는 과정의 의미로 받아들여진다. 즉, 인권이란 무

16) 조효제, 『인권의 문법』, 후마니타스, 2007.
조효제, 『조효제 교수의 인권오디세이』, 교양인, 2015.
조효제, 『인권의 지평』, 후마니타스, 2016.
그 밖에도 인권 관련 공저서 여러 권과 번역서 여러 권이 있다.

17) 조효제, 『조효제 교수의 인권 오디세이』, 교양인, 2015, p.16.

엇이며 어떻게 해야 하는 것인지 그 해답을 찾아 기나긴 여정을 돌아봤다는 학문적인 여정을 말해 주는 것이다. 그 결과, 결국 인권이란 인간다운 삶을 찾는 과정이라고 봐야 한다는 것이다. 여기에서 사회복지와 인권의 접점을 찾을 수 있는 실마리가 제공되었다고 본다. 그것은 곧 '인간다움', '인간다운 삶'이다. 사회복지도 인권도 인간의 인간다운 삶을 추구한다는 동질성을 확인할 수 있다.

우리나라 「헌법」 제34조 제1항에서 "모든 국민은 인간다운 생활을 할 권리를 가진다."라고 규정한 것을 유념해 봐야 할 것이다. 과연 '인간다운'은 어떤 상태를 말하는 것일까? 인권도 사회복지도 인간의 인간다운 상태를 전제하거나 목표로 한다고 봐야겠다. 그래서 '인간다운 삶', '인간다운 상태'에 대하여 다학문적 접근을 통해 확인하고 규범적으로 정립해 나가야 할 것이다.

전통적으로 인권의 당위성을 강조하는 규범적 접근을 넘어 설명적 접근과의 균형과 통합으로서 인권사회과학의 기여를 보여주는 인권사회학의 등장을 볼 때,[18] 인권을 규범적이고 이상적으로 바라보는 입장과 인권을 현실의 정치와 법과 제도 속에서 바라보는 입장의 통합이 매우 필요해졌다고 본다. 전자(前者)를 '인권 이상주의'라고 한다면, 후자(後者)는 '인권 현실주의'라고 할 수 있겠다.

18) Mark Frezzo, 조효제 옮김, 『인권사회학의 도전』, 교양인, 2020.

양자(兩者)의 통합이 필요하다는 관점에서 이제 우리 사회복지학도들에게도 〈인권·복지학〉의 정립(定立)이 필요한 단계에 와 있다고 본다.

제5장
인권과 복지의 충돌

인권과 복지가 밀접하고도 상호 우호적인 관계에 있다고 보기에는 양자의 관계가 갈등적 상황에 놓인 측면도 강하다. 사회복지와 인권이 상호 화합하는 관계와 기능을 이루는 것이 이상적일 수 있겠으나 현실적으로는 갈등하거나 충돌하기도 한다. 이러한 측면을 살펴보면서 양자의 통합을 모색하는 것이 의미 있을 것이다.

1. 인권 침해하는 복지와 복지 외면하는 인권: 탈시설을 둘러싼 인권과 복지의 충돌

'인권'과 '사회복지'가 밀접하게 접근하고 짝 개념처럼 친화적으로 다루어지는 측면도 있지만 현실적으로는 매우 날카롭게 대립하는 양상을 보이기도 한다. 예를 들어 '장애인 탈시설'이라는 쟁점을 놓고 인권 활동가와 사회복지 전문가(또는 종사자) 사이에 팽팽한 긴장이 나타나는 사례들이 있다. 장애인 시설에서 발생한 인권침해 사건에 대한 조사를 놓고 인권옹호기관을 바탕으로 활동하는 사회복지사들과 장애인 인권옹호운동을 하는 단체들이 상호 불신하여 의견 충돌을 보이는 경우가 있다.[1] 지역주민들과 탈시설 장애인의 갈등이 발생하고, 이에 따라 자치단체가 시설 재입소를 추진하여 인권단체로부터 규탄 당하는 사례 등 지역주민과 장애인 및 장애인시설 그리고 자치단체 간에 갈등이 빚어지는 사례들도 있다.[2]

장애인 시설은 장애인의 복지를 위하여 전통적으로 시행되어 온 사회복지 프로그램이자 기반으로서 중요한 부분을 이룬다. 그러나 장애인복지 시설에서 장애인에 대한 인권침해가 빈발했던 것도 사실이다. 이러한 연유로 장애인 탈시설은 장애인의 인권과 관련하여 매우 시급하고 중

1) "전북 무주 장애인시설 하은의 집 실태조사 놓고 갈등", 한겨레신문, 2020. 10. 27.

2) "탈시설 장애인 주민갈등, '묻지마'시설행", 에이블뉴스(Able news), 2021. 2. 8.
"섣부른 장애인 '탈시설'인권침해 우려", 충남일보, 2021. 2. 10.
이기수, "'탈시설'만이 최선의 장애인 인권일까?" 한겨레신문, 2021. 6. 28.
이지선 기자, "장애인과 더불어 사는 사회?... 여전히 닿지 못할 '유토피아'", news1, 2021. 7. 4.

요한 쟁점으로 부각되고 있다. 사회복지의 관점과 입장에서도 탈시설은 '자립지원'이라는 장애인복지 정책과 실천의 개혁적 대안이기도 하다.

하지만 이에 대해 인권운동계와 사회복지계의 입장이 충돌하는 양상들이 곳곳에서 나타나고 있다. 그동안 장애인복지가 시설보호에 주력해 온 것은 부정할 수 없는 사실이다. 이로 인해 사회복지 시설 내에서 장애인에 대한 인권침해 사건들이 빈발해 왔고 사회복지시설이 장애인 인권침해의 주범으로 지목되는 것도 지나친 것은 아니라고 봐야 할 것이다. 그래서 탈시설은 사회복지계에서도 지지하는 대안이고 인권운동 진영에서는 숙원사업으로 여겨 왔다. 이러한 상황에서 전북 □□시 지역의 소위 '○○원 사건'은 인권과 복지의 딜레마를 잘 보여주고 있다.[3)]

이 사건의 사정은 다음과 같다. 장애인 거주시설인 '○○원'은 시설이 낙후되어 사설 안전도 평가에서 'D'급 평가를 받아 시설 개선이 시급해졌다. 그러나 보건복지부도 □□시도 이에 대해 지원할 수 없다며 난색을 표했다. 이유는 장애인 인권보호를 위해 탈시설정책이 주류화되면서 장애인복지시설의 시설보강사업을 지원할 수 없다는 것이었다. 그래서 □□시는 다른 건물로 이전하도록 행정

3) 이지선 기자, 같은 글

지도를 했다. 그러나 장애인이 안전하게 거주할 수 있는 시설을 찾기 어려웠고, 그나마 대학가 지역에서 어렵게 건물을 구했지만 자신들의 생존권과 영업권을 방해한다는 인근 원룸 임대업자 등 주민들의 강력한 저항에 부딪쳐 실행할 수 없는 상황이 된 것이다. 장애인의 탈시설이라는 이상과 현실의 어려움이 충돌한 사건이다.

장애인의 인권에만 집중하다 보니 지역사회 일반 주민들의 권익과 충돌하는 상황을 맞게 된 것이다. 장애인의 인권을 외면하는 지역사회 주민들을 비난할 수도 있겠지만, 임대업과 숙박업을 하는 지역 주민들의 이익을 외면할 수도 없는 것이다.

소통을 통한 해결도 상당한 진통을 수반했다. 보편적 인권(지역사회주민의 권리)과 특수인권(장애인의 인권)의 충돌인지 일방적인 장애인 인권 침해인지조차 판단하기 쉽지 않은 현실이다.

그런가 하면 지난 2020년 12월 10일 세계인권선언 기념일에 제21대 국회에서는 더불어민주당 최혜영 의원과 정의당 장혜영 의원 등이 '장애인 탈시설 지원 등에 관한 법률안'을 발의하고 법안 통과를 촉구하는 기자회견을 열어[4] 이 부분에 개혁의 실마리가 형성되는 것인지에 대한

4) 김정현 기자, "최혜영, 장애인 탈시설, '권리'그 자체…'장애인 탈시설지원법' 대표발의", 뉴스 프리존, 2020.12.10.

기대가 있었다. 뭔가 성과물이 생길 줄 알았으나 아직 법률안은 제정되지 못한 상태이다.

시설보호가 장애인의 선택권과 자기결정권을 침해하는 것이어서 장애인의 인권을 침해하는 것으로 볼 수 있지만, 탈시설이 이루어지기 위해서는 우선 장애인 개인의 역량이 확보되어야 하고 지역사회와의 관계 형성과 작동이 원활하게 이루어져야 한다. 이를 위해 장애인의 주거권과 이에 대한 자기결정권이 보장돼야 할 것이다.[5] 이 부분을 지원하는 법률은 사회복지법으로서 장애인의 인권과 복지에 기여할 것이다. 그러나 이 법이 제대로 정착되어 실행되지 못하면 탈시설이 장애인의 인권과 복지를 오히려 침해할 수도 있다.

이러한 논란 속에서 인권지향이 가지고 있는 반복지적 측면[6]과 복지지향이 가지고 있는 반인권적 측면[7]이 서로 부딪치며 교차하는 것이다. 이렇게 '인권'과 '복지'는 매우 밀접하고 친밀한 관계로 보이면서도 날카롭게 부정적으로 부딪치기도 한다. 이러한 현상이 나타나는 것은 인권

---

5) 송아영, "탈시설과 주거지원", 『월간 복지동향』 제269호, 참여연대 사회복지위원회, 2021.3.

6) 사실상 장애인을 위험한 환경에 방치할 수 있다는 우려를 말하는 것으로 현실적인 차원의 문제제기이다.

7) 복지를 명분으로 장애인을 시설에 입소시키는 것 자체가 반인권적이라는 우려를 말한다.

과 복지의 이상적이거나 이념적 차원의 시각(또는 관점)이 현실 차원의 인권과 복지가 교차하거나 충돌하면서 빚어지는 자연스러운 현상이기도 하지만 동시에 극복돼야 할 과제이다. 그래서 사회복지와 인권에 관하여 이념적 차원과 현실적 차원을 구분하여 논할 필요가 있다고 보는 것이다.

2. 존재론과 인식론적 차이

일반적으로 사회복지라는 개념 자체는 인권 개념에 비해 존재론적 차원에 속한다고 하겠다. 복지제도나 활동의 존재 여부를 놓고 논란이 이루어지는 경우들이 많다. 복지제도가 있어야 한다는 입장과 복지제도를 도입하거나 실시하게 되면 부정적인 문제들이 생긴다고 보는 입장이 충돌한다. 그리하여 복지를 해야 되느냐 하지 말아야 하느냐, 하더라도 어느 정도 수준으로 해야 하느냐에 대해서 논란이 생긴다. 예컨대 대상자는 보편적 범주여야 하는가, 선별적 범주여야 하는가 재정방식은 조세방식인가 보험방식인가 하는 논란들이 이루어진다. 이것은 사회복지가 기본적으로 존재론적 개념이라는 것을 보여준다.

우리는 복지가 발달한 사회나 국가와 그렇지 못한 국가와 사회를 비교하여 말하거나 분석한다. 이것은 복지가 존재론적 차원의 문제라는 것을 보여주는 것이다. 이에 반하여 인권은 그 실체가 존재론적으로 확인되기 어렵다. 현재의 상황이 인권이 존재하는 것인지 아닌지 또는 인권이 보장되었는지 충족되었는지 하는 질문보다는 진정으로 인권이 인정되는가 하는 문제제기가 더 적절할 것이다. 즉, 인권의 문제는 존재론적 차원이라기보다 그렇게 인식하느냐 아니냐, 인정하느냐는 차원에 있다고 볼 수 있다. 즉, 인권의 개념은 존재론적이라기보다 인식론적이다.

흔히 '권리를 가진다'는 표현 때문에 권리, 즉 인권이 자동차나 물건들처럼 구체적인 사물인 듯 착각을 일으킨다고 볼 수 있다. 만일 인권이 사물들과 동일한 차원에서 이해될 수 있다면 인권은 존재론적 개념이 될 것이다. 그보다 인권은 가치적으로 인식되고 판단되는 것이다. 존재론적인 사물이 아니라 인간의 이성에 따른 인식에 따라 파악되고 포착되는 인식의 범주라고 하겠다. 그래서 복지를 실행했더라도(복지의 존재) 인권의 인식 차원에서 부정적으로 평가될 수 있다.

앞에서 예로 들었던 장애인복지시설의 탈시설 논란을 살펴보자. 전통적인 사회복지제도와 실천은 장애인을 보호하기 위하여 시설에 거주하게 하였다. 즉, 복지는 법규나 제도에 의해 존재했었고, 인권의 관점에서는 이러한 복지에 대해 반(反)인권적 억압과 통제라고 인식한 것이다. 그래서 탈시설을 인권지향적 해결책으로 제기하게 된 것이다. 그러나 탈시설에 부합하는 사회복지와 지역사회의 다양한 조건들이 충족되지 못할 때, 장애인의 인권은 침해될 우려가 있다는 부정적 인식이 존재하게 되는 것이다.

'인권'도 '사회복지'와 같은 제도화된 기준이나 법규가 존재한다면 그 존재를 인식할 수 있겠으나 추상적 개념과 가치(이념)에 머물러 있는 한 존재론적 한계와 인식론 사이의 갈등은 계속될 것이다.

가난한 사람들을 위한 복지제도로서 대표적인 공공부조제도를 보자. 우리나라의 경우 「국민기초생활보장법」이 대표적인 공공부조제도에 해당된다. 이것은 가난한 사람의 생존권을 인정하고 보장하기 위하여 국가가 생계급여를 제공하는 사회복지제도이다. 이러한 제도가 시행되고 있느냐 대상자의 규모가 어떠한가 또는 어느 정도의 급여가 제공되는가 하는 질문들은 모두 존재론적 차원의 것들이다. 이것은 국가의 법과 예산을 확인해 보면 알 수 있는 것들이다. 그러나 이것이 인권을 인정하거나 보호 또는 보장하고 있느냐 하는 것은 인식론적 차원의 질문이다.

무엇을 기준으로 인권의 인정 여부를 확인할 것인가?

이것은 급여의 수준에 관련되기도 하지만 제도 운영의 과정과 기준에서 논란이 되기도 한다. 공공부조제도의 운영에서는 정확하게 대상자 자격을 심사해야 하기 때문에 자산조사 과정에서 '가난의 증명' 절차와 기준을 통과해야 한다. 이 과정이 인권에 대한 논란을 야기한다.

이러한 제도와 절차가 있다고 해서 인권을 무시한다고 할 수는 없다. 공공부조제도에 부여된 목적과 사명을 위해 자산조사는 필수불가결의 장치이자 절차이다. 제도의 시행 과정에서 수급권자가 인식하거나 느끼는 수치심과 낙인감 등이 반(反)인권적으로 평가되는 것이다. 공공부조는 인간의 생존권에 답하는 복지제도인데 부득이 거쳐야 하는 자산조사가 인권을 해치거나 침해한다면 공공부조를 중단하거나 폐지해야 할까? 인권을 위하여 자산조사 과정을 생략하거나 금지해야 한다면 공정하고 합리적인 복지를 포기해야 하는 것인가? 이는 존재하는 복지제도에 대하여 부정적인 인권 인식이 작용하는 대표적인 예라고 하겠다. 가난한 자의 생존권을 보장하고 보호함으로써 가난한 자의 인권(생존권)에 기여하는 복지제도이지만 시행 과정에서 가난을 입증하고 확인하는 절차 때문에 인권(사생활에 대한 권리, 자유권, 명예권 등)을 침해하는 결과를 야기한다. 그렇다면 복지를 포기함으로써 인권을 보장해야 하는가, 인권이 다소 침해되더라도 복지를 시행해야 하는가?

공공부조는 그 자체로 인권 보호 및 보장에 기여하는 것인데 개인의 신상정보를 건드리지 않고 복지를 추구할 수 있는가, 개인의 인권을 조금이라도 침해하는 것이라면 어떤 복지도 회피해야 하는가?

공공부조와 자산조사는 모두 존재하는 제도이며 이에 대한 인권적 판단은 인식에 관련된다. 이렇게 인권을 위하여 사회복지제도를 시행하는데 오히려 그것이 인권을 침해하는 모순을 낳는 경우가 발생한다. 이는 존재하는 복지제도에 대해 부정적인 인식을 하는 사례가 된다.

3. 개인주의와 공동체주의

인권(人權, human rights)은 인간의 권리이다. 여기에서 인간이라 함은 일찍이 칼 마르크스(Karl Marx)가 「유대인 문제에 대하여」에서 논했듯이 다른 인간들 또는 공동체로부터 분리되어 독립되어 있는 자기완결적이며 이기적인 개인이다.[8] 마르크스는 인간의 본질을 우적 존재(類的存在,

8) 칼 마르크스, 『칼 마르크스의 초기저작: 비판과 언론』, 열음사, 1996, p.354.

Gattungswesen)로 보아 인간을 기본적으로 공동체적 존재로 전제했다. 인간은 개체(個體)로서는 약하지만 류(類)로서는 강하다. 사회적 존재로서 집단을 이루고 집단 속에서 존재하는 것이 인간의 본질이라는 것이다.

그러나 근대 시민혁명 이후 인권론자들은 시장에서 자신의 경제적 이익을 무한히 추구하는 부르주아의 모습에 철학적 정당성을 부여하여 공동체로부터 분리되어 자기 완결적인 이기적 인간을 인정한다고 마르크스와 그 추종자들은 인권 개념에 대하여 비판한다.[9] 개체로서 인간, 즉 개인의 권리인 인권과 유적 존재로서 공동체를 이루는 인간의 모습이 상반되고 충돌한다. 마르크스의 주장을 지지하든 아니든 인권의 개념과 이념이 공동체와 분절된 고립적인 개인주의에 기반하고 있다는 것은 인권의 역사적 맥락을 살펴보더라도 틀리지 않는 사실이다. '공동사회'는 인권이 특정한 구체적 생활양식이나 사회관행으로부터 단절된 추상물이기 때문에 인권을 인정하지 않는다.[10]

반면에 사회복지는 공동체주의에 근거한다. 산업주의시대 현대사회의 복지를 '낯선 타인에 대한 돌봄(Caring for strangers)'으로 정의한 윌렌스키와 르보(Wilensky & Lebeaux),[11]

9) 정정훈, "인권의 인간학: 상호주관성인가 관개체성인가?", 문화과학 100, 문화과학사, 2019, p.131.

10) 스티븐 슈트, 수잔 헬리 엮음, 민주주의법학연구회 옮김, 『현대사상과 인권』, 사람생각, 2004, p.13.

사회복지를 포함한 사회법을 현대사회에서 붕괴된 공동체성의 회복으로 보는 법철학자 라드부르흐(Radbruch)[12] 등의 입장을 보더라도 사회복지는 본질적으로 공동체성에 기반하고 있다는 것을 알 수 있다.

인권이 근대에 부각된 개인주의의 명분과 힘으로 개인의 권리를 주장하는 개념이라면 사회복지는 산업혁명과 시민혁명으로 인한 거대한 사회변동으로 등장한 현대사회에 와서 붕괴된 공동체로 인하여 소외되고 고통받는 개인을 공동체로 포용하고 편입시키는 노력과 제도라는 점에서 서로 상반된 운동방향의 경향을 나타내고 있다. 인권은 공동체의 해체에서 개인의 확인과 인정을 도모하는 것이고, 사회복지는 공동체의 붕괴로 소외된 개인을 공동체로 포용하고 통합하는 역동성을 갖는다.

이와 같이 볼 때 인권과 복지는 둘 다 근대 또는 현대사회의 산물이지만 각각 개인주의와 공동체주의를 기반으로 하여 개인에게 집중하는 접점을 가지면서도 충돌하는 복잡한 역동적 관계를 갖는다고 봐야 할 것이다. 그래서 인권과 복지, 둘의 관계를 단선적으로 규정하기는 어렵다.

---

11) Wilensky, H. L. & Lebeaux, C. N., 『Industrial Society and Social Welfare』, The Eree Press, 1965.

12) Radbruch, G., 최종고 옮김, 『법철학』, 삼영사, 1981.

제6장

기존의 입장들

여기에서 사회복지와 인권에 대하여 기존의 저작들에서 규정하고 있는 '사회복지'와 '인권'의 관계를 살펴보는 것도 흥미로울 것 같다.

1. 인권과 복지를 동일시하는 관점

인권과 복지를 동일시하는 관점에서는 인권과 사회복지가 함께 출발했으나 제각각 존재하는 것으로 보고, 불평등이 존재하면 인권조차 보편적으로 이루어지지 못하기 때문에 복지를 통한 불평등의 완화가 중요하다고 본다. 이에 국제사회복지사연맹(IFSW: International Federation of Social Workers)이 2011년 인권선언과 인권원칙을 강조하고 있다는 점을 주요하게 보고 있다.

사회복지의 관점에서 볼 때, 사회복지는 인권과 함께 출발하였으나 인권은 인권대로 복지는 복지대로 움직이고 있는 현상에 주목하며, 사회복지의 시작은 사회복지가 인권과 밀접했다는 점을 강조한다. 그러나 그 현실에 대하여는 그렇지 못한 것으로 보고 있다.[1] 또한 인권이 복지이며, 복지의 실현이 인권의 구현이라고 보면서 인권에 기반한 사회복지 실천이 이루어지기 위해서는 사회적 지원이 필요하다고 본다.[2]

이러한 입장은 인권과 사회복지가 매우 밀접한 관계에 놓여 있다는 실증적인 표식만을 보여준 채 인권과 복지가 거의 같다고 전제하면서 왜 그러한지 논리적 정합성은 보여주지 못하고 있다.

앞서 복지국가와 세계인권선언이 비슷한 역사적 시기에 비슷한 맥락에서 출발했다는 점을 언급하였다. 그러나 그렇다고 해서 '인권'과 '사회복지'가 동일체인 것처럼 인식할 수는 없다. 그러한 증거도 없다.

---

1) 박연주, 『판례와 사례를 중심으로 한 인권과 사회복지』, 학지사, 2020.

2) 이재용, 『인권 기반 사회복지시설 운영론』, 창지사, 2018, p.9.

2. 복지의 정당화 근거로서 인권

이 입장에서는 인권을 보장하는 것이 우리가 추구하는 정의(正義)이며, 복지권을 추구하는 목적은 인권을 향한다고 본다. 인권의 원칙과 사회정의는 사회복지의 기반이라는 국제사회복지사연맹(IFSW)의 입장이다.[3] 이러한 입장은 도덕철학적 관점에서 사회복지를 이해하는 입장과 맥을 같이 한다. 이에 따르면, 현대사회의 인간은 낯선 타인(strangers)에 대하여 사회의 동료로서 기본적인 도덕적 책임을 가지고 있으며, 이것이 복지를 행하는 근거가 된다고 본다. 그리하여 제반 사회적 급여와 서비스에 대한 복지권을 실천하고 행하는 것의 목표가 인권에 있다고 보는 것이다.[4] 즉, 복지를 통하여 인권이 보장된다고 생각하며, 인권이라는 가치와 목표는 복지의 도적적 정당화의 기반이 된다고 보는 입장이다.

그러나 이 입장은 인권의 복지 지향에 대하여는 이렇다 할 입장을 보이지 않고 복지의 인권 지향에 대해서만 강조하고 있다. 즉, 복지가 인권이라는 목표를 향하고 있다

---

3) 국가인권위원회 · 한국사회복지학회, 『인권과 사회복지 실천 콜로키움』, 2007. 12. 4.

4) David Watson, 『CARING FOR STRANGERS, F.K.P., 1980. pp.65~66.

는 것은 강조하면서, 인권이 복지를 지향하는지, 인권은 복지를 어떻게 보는지에 대한 언급이 없다. 그리하여 결론은 복지가 인권에 기초하거나 인권을 목표로 할 때 복지의 정당성이 강화된다는 것이다. 반면에 인권을 통해 복지가 이루어지거나 강화될 수 있다는 점 등에 대해서는 명확한 입장이 없다. 별 관심을 갖지 않는 것 같다.

3. 인권 실현을 위한 실천분야로서 사회복지

사회복지학자로서 인권에 관하여 집중적이며 두드러진 접근 태도를 보인 사람이 앞에서 언급했던 호주의 짐 아이프(2001) 교수이다. 그는 사회복지 실천에서 전문가주의가 야기하는 독점과 배제가 타인의 인권을 침해하는 문제를 지적하면서 사회복지가 인권 실현을 실천하는 분야가 되어야 한다고 강조한다. 그리하여 전통적인 욕구 중심의 사회복지 실천을 극복하고 인권 중심의 실천(praxis)을 해야 한다고 주장한다. 사회복지를 인권 전문직으로 조명하기 위하여 인권의 3세대 개념을 소개한다.[5)]

5) Jim Ife, 김형식 · 여지영 옮김, 『인권과 사회복지 실천』, 인간과 복지, 2001. pp.57~83.

인권의 3세대라 함은 인권 개념의 역사적 변천을 요약한 것으로서 시민적 권리[6)]와 정치적 권리(제1세대) → 경제적, 사회적, 문화적 권리[7)](제2세대) →집합적 권리[8)](제3세대)로 정리할 수 있다. 짐 아이프는 욕구 속에 권리의 내용이 포함되어 있다는 것을 간파하였다. 그리하여 사회복지사가 욕구를 사정(査定, assessment)할 때 권리의 형태로 표현하는 것이 필요하다고 본다. 욕구와 권리가 충족돼야 할 우선성을 파악하기 위해서는 매슬로(Maslow)의 욕구 단계(위계)의 개념을 인용한다.[9)]

매슬로는 전체론적 관점[10)]에서 자신의 동기이론을 발전시켰으며 자신의 저작인 『동기와 성격』이 인본주의 심리학으로 이행되는 과정을 담고 있다고 밝히면서 본능적인 욕구와 유사욕구들을 욕구로서 뿐만 아니라 권리로서 간주하는 것은 정당하고 의미 있으며 천부적인 권리라고 생각해도 무방하다고 했다.[11)] 이러한 견해를 받아들이면서 짐 아

---

6) 시민계급, 즉, 부르주아 계급이 주창한 것으로서 주로 자유권을 의미한다.

7) 사회주의적 입장에서 강조한 인권으로서 노동권, 주거권, 교육권, 사회보장권리 등 사회권 중심의 권리를 말한다.

8) 연대(solidarity)할 권리, 환경권 등을 말한다.

9) Jim Ife, 앞의 책, pp.144~147.

10) 우주는 하나이고 상호 연관되어 있어 모든 사회는 하나로 연관되어 있다고 본다. Abraham Maslow, 오혜경 옮김, 『에이브러햄 매슬로의 동기와 성격』, 21세기 북스, 2009, p.16.

11) 같은 책, p.16, p.19, p.39 참조.

이프 교수는 인권의 위계를 인정한다. 어떤 인권은 더 기본적이고 우선적이라는 것을 인정한다. 그리하여 1세대 인권이 더욱 기본적이고 우선적이라고 본다.[12)]

짐 아이프 교수는 그의 책에서 시종일관 욕구 중심의 접근보다 권리 중심의 접근을 해야 한다고 강조했다. 하지만 욕구 중심의 접근이 왜 문제인지, 권리 중심의 접근이 왜 유용한지 그의 책에서 명확한 답이나 설명을 찾지 못했다. 그도 매슬로를 통해서 파악했듯이 욕구와 권리의 내적(內的) 연관성을 인정한다면, 욕구 중심 접근은 틀렸다거나 권리 중심 접근만이 옳다는 식으로 주장하는 것은 설득력이나 일관성이 없어 보인다. 인간의 욕구를 충족하는 것이 곧 인권을 충족하는 것이고 인권을 충족하는 것은 이미 욕구를 충족한 것이기 때문이다.

매슬로를 따르든 짐 아이프를 따르든 같은 결론에 도달한다. 그런데 왜 욕구 중심 사회복지 실천은 틀렸고 권리 중심 사회복지 실천이 옳은지 명확한 설명이 제시되지 못했다. 그보다는 욕구와 권리가 내면적으로 연관되어 있어 욕구를 충족하는 것이 곧 권리를 충족하는 것이라는 진술은 사회복지학도들에게 매우 중요한 지적이다.

그러므로 인권을 언급할 때 인권의 내용으로서 인간의 욕구를 이해하고 파악할 필요가 있다. 욕구에 근거한 접

12) Jim Ife, 앞의 책 p.145.

근을 틀렸다고 할 것이 아니라 인권의 내용을 포착하기 위해서 욕구를 파악하는 것이 더 필요하다고 봐야 할 것이다. 인권이 침해됐을 때 그 침해된 내용이 무엇인지 파악하기 위해서 또는 인권을 보장하고 보호하려 할 때 어떤 내용의 인권을 보호해야 하는지 알기 위해서 욕구(needs)를 아는 것은 매우 중요하며 또한 필요한 것이다.

인간의 욕구(human needs)와 인권(human rights)은 내용적으로 차이가 있다기보다 인권이 욕구보다 더욱 규범적인 형태를 띠는 것으로 보아야 할 것이다. 따라서 인권을 우선하거나 중심에 놓고 복지를 종속적이거나 부차적인 것으로 간주하는 것은 바람직스럽지 못하다. 오히려 인권의 내용을 파악하기 위하여 인간의 욕구를 정확하게 파악하는 것이 필요하다. 예컨대, 자유권이 필요하다고 할 때 구체적으로 어떤 자유인지, 생존권 보장이 필요할 때 그 내용이 먹는 것인지 주거인지 건강 및 의료인지 욕구를 파악하는 것이 중요하다.

이런 의미에서 욕구와 인권은 대립적이거나 대체 관계에 있다고 할 수 없다. 욕구 자체도 규범적 성격을 가지고 있으나 좀 더 강력하고 정당하게 주장할 수 있는 규범적인 형태가 권리이며, 인권의 내용을 이루거나 파악하게 해주는 것이 욕구이기 때문이다.

사회복지가 인권을 실현하기 위한 분야이기도 하지만

인권은 사회복지를 실천하는 형식이자 규범적 형태가 되기도 한다.

4. 사회복지는 인권옹호 전문직[13)]

이 입장은 사회복지 전문직이 추구하는 중요한 가치로서 인권옹호를 든다. 이러한 입장의 논거로서 국제사회복지사연맹(IFSW: International Federation of Social Workers) 윤리강령, 미국 사회복지사협회(NASW: National Asociation of Social Workers) 정책선언(policy statements), 한국 사회복지사 윤리강령과 선서문 등의 내용과 선언을 꼽는다. 이 입장에서는 앞의 짐 아이프와 같이 인권의 개념을 1세대부터 3세대까지 변화해 온 것으로 보면서 자유권과 사회복지 실천, 사회권과 사회복지 실천, 집단권과 사회복지 실천의 관계를 정리하여 제시한다. 그러나 이러한 입장에 대하여 몇 가지 짚어 봐야 할 문제가 있다.

---

13) 손병돈 외, 앞의 책, p.47 이하
UN Centre for Human Rights, 이혜원 옮김, 『인권과 사회복지 실천』, 학지사, 2005, p.20.

〈첫째〉 그동안 사회복지학 교육과정에서 국제적으로든 국내적으로든 ‘인권’을 공식적인 주제로 가르치지 않았고,[14] 최근에 와서야 사회복지 분야에서 ‘인권’을 강조하고 사회복지사 보수교육 등에서 인권을 다루고 있는 실정이다. 즉, 사회복지 실천과 교육은 최근에 와서 인권에 대한 자각을 시작한 것이지 사회복지 학문이나 교육 및 실천에서 본원적으로 인권을 강조해 왔다고 말하기에는 여전히 한계가 남는다.

〈둘째〉 인권과 관련된 사회문제나 사회적 이슈가 발생했을 때, 사회복지계는 여전히 인권문제에 대하여 주도적이거나 중심적이지 못하다. 또한 사회복지의 이슈를 인권적 관점으로 외화(外化)하거나 인권의 문제와 관련짓지 못하는 실정이다. 특히, 사회복지 현장에서 사회복지대상자들의 인권문제가 발생하거나 사회복지사와 종사자들의 인권문제가 발생하면 인권과 복지는 각자 따로 작동되는 것처럼 이해되기도 한다. 즉, 인권은 인권이고 복지는 복지인 것이다. 심지어 양측이 충돌하기도 한다.[15]

---

14) 박영란 외, 『한국사회복지와 인권』, 인간과 복지, 2001, p.106.

15) “전북 무주 장애인시설 하은의 집 실태조사 놓고 갈등”, 한겨레신문, 2020.10.27.
인권단체는 장애인시설 인권침해사건 조사에 대하여 장애인복지기관이 인권에 대하여 비전문적이라고 지적한 반면에 관련 사회복지사는 장애인의 특성을 무시한다며 인권단체의 독선을 지적하는 등 인권단체와 사회복지계가 갈등하는 양상도 나타나고 있다.

사회복지시설에서 거주인의 인권침해 문제가 생기면 인권단체에서 인권문제를 거론하지만 사회복지 관련 단체나 인사들은 복지의 구조나 시스템 문제를 주로 말한다. 인권단체는 인권침해만 부각시킬 뿐 복지 시스템이나 운용 등에 관하여는 인권만큼 파고들지 못한다.

그런가 하면 사회복지계가 인권단체 활동가나 인권 영역의 복지문제를 거론하거나 제기하지도 않는다. 사회복지가 인권과 밀접한 관련이 있다는 주장은 제기되지만 정교하게 논리적이거나 이론적으로 정합성을 가질 정도로 정리된 것은 아닌 것 같다. 인권 분야에서 볼 때 사회복지 분야도 인권과 관련이 있거나 우호적인 분야로 볼 수는 있지만, 여전히 인권은 인권 분야에서 다루고 있다. 사회복지가 인권옹호 전문직이라는 것은 너무 단정적이고 과도한 측면이 있으므로 부적절하거나 불완전한 주장이라 하겠다. 어찌 보면 사회복지계 또는 사회복지사들의 희망사항일 수 있다.

인권을 옹호하는 역할을 하는 직업으로 법조인(변호사), 경찰, 교사, 사회복지사, 인권운동(활동)가, 언론인 등이 거론될 수 있을 것이다. 인권옹호 역할이나 기능을 하는 하나의 직업으로 사회복지사를 꼽거나 사회복지사의 이상적인 역할과 임무로서 인권옹호를 들 수 있겠으나 사회복지사가 곧 인권옹호 전문직이라고 서술하는 것은 아직은 낯설고 과도해 보인다.

5. 인권 기반 사회복지[16)]

이 입장에서는 인권과 사회복지의 만남에 관하여 두 가지 접근법을 제시하는데, 그 중 하나는 사회복지 관점의 인권, 또 하나는 인권 관점의 사회복지이다. 여기에서 저자들이 추구하는 것이 인권 기반 사회복지이다. 전자, 즉 사회복지 관점의 인권은 사회복지를 인권 보장의 도구로 보며 사회복지가 인권 보장의 기준으로 기능하는 것으로 본다. 이는 인권과 사회복지의 만남을 보여준다. 장점이 있지만 인권의 범위를 축소시키는 문제점을 안고 있다.[17)] 이 관점은 인권의 범위를 넓게 보아 사회복지의 범위를 넘어서는 것으로 본다. 즉, 인권의 범위는 넓은데 사회복지는 인권의 사회적 측면에만 관심을 갖는다는 것이다. 그래서 저자들은 바람직하지 못한 접근법이라고 본다.

그렇다면 후자, 즉 인권 기반 사회복지는 무엇인가? 이

---

16) 배화옥 · 심창학 · 김미옥 · 양영자, 『인권과 사회복지』, 나남출판, 2015, p.62. 이하

17) 같은 책, p.62.

책에서는 기본적으로 짐 아이프의 욕구 기반 사회복지와 권리 기반 사회복지의 구분을 따라 권리 기반 사회복지를 따르고 있다. 보편성, 불가양도성, 상호의존성 및 불가분성, 평등, 인간의 존엄성 등 인권의 기본적 가치에 바탕을 둔 사회복지의 접근이다. 이는 기존 사회복지 원칙과 크게 다르지 않은데, 다만 상대적으로 사회복지가 덜 관심을 가졌던 자연권 부분 등을 강조하는 특징을 갖는다고 한다. 이러한 접근의 특성은 적용대상의 포괄성, 이용자의 참여, 다양하고 포괄적인 문제 해결 접근방법 등이다.[18]

그런데 이러한 접근은 저자들도 언급했지만, 기존의 사회복지 원칙이나 접근과 본질적으로 차별적이지 못하다. 전통적인 사회복지와 인권 기반 사회복지의 확연한 차별성을 말하기 어렵다. 짐 아이프가 시종 일관 욕구 중심 접근과 권리 중심 접근의 차이를 강조하였지만 양자가 정확하게 어떤 차이가 있는지 명확하게 제시하지 못하는 것과 같은 문제점을 보이고 있다. 인권 기반 사회복지는 표현적으로 매우 야심 차 보이고 강력함을 느끼게 해준다. '인권 기반(right based)'이라는 표현은 '욕구 기반(need based)'의 대안적 개념으로 소환된 용어로 볼 수 있겠다.

18) 같은 책, pp.64~65.

앞서 살펴보았듯이 이러한 개념 구도를 제시한 짐 아이프 교수도 매슬로가 욕구와 권리의 내적인 연관성을 제기한 견해에 동조한다. 인간의 욕구는 이미 규범적(normative) 성격을 가지며 권리와 내적인 연관성을 가지고 있다. 예컨대, 잘 권리, 볼 권리, 알 권리, 쉴 권리, 행복할 권리 등 당연히 인권으로 받아들여지는 권리들의 내적인 면을 보면 모두 인간의 기본적 욕구들(human basic needs)이다. 그러므로 사회복지 실천에서 욕구 기반 접근은 틀렸고 권리 기반 접근이 옳다고 말하는 것은 부적절하게 보인다.

우리가 어떤 권리 어떤 인권을 거론하거나 말할 때 이미 그 안에 인간이 갖춰야 하고 충족해야 하는 욕구를 내포하고 있는 것이다. 다만, '욕구'라는 단어가 객관적인 것을 의미하더라도 주관적인 면을 포함할 수밖에 없는 측면을 상기해 본다면 '권리'라는 단어가 갖는 좀 더 단호하고 규범적인 성격의 매력을 인정하게 된다. 그래서 욕구 기반 접근보다는 인권 기반 또는 권리 기반 접근이라는 말이 좀더 정당하고 강력해 보이는 것이다. 그래서 인권 기반 접근의 사회복지 실천을 하더라도 욕구를 외면하거나 배제해야 하는 것이 아니라 권리와 더불어 사용되고 발전시켜야 할 것이다. 욕구 중심의 접근은 사회복지 실천에서 전통적으로 해 오던 틀이고 방법이니 말이다.

6. 사회복지 윤리를 구성하는 인권[19)]

이 입장은 기본적으로 사회복지에서 인권이라는 가치가 매우 중요하다고 본다. 그럼에도 불구하고 사회복지에서 인권은 그다지 주목받지 못했고, 오히려 윤리가 그 자리를 대신했다고 본다. 그러면서 인권과 윤리는 동전의 양면 같다는 짐 아이프의 견해를 수용한다.[20)] 이 입장은 사회복지와 인권의 관계에 윤리를 끼워 넣음으로써 사회복지와 인권의 관계를 규명하는 것으로부터 조금 벗어나 있다.

'사회복지 윤리'는 인권 외에도 사회정의, 도덕성, 책임성 등을 포함한다고 보고, 윤리성에 기반한 사회복지 실천이 곧 인권실천이라고 한다.[21)] 사회복지 윤리의 범주에 인권이 포함된다고 보는 것이 틀리지 않더라도 이를 통해 사회복지와 인권의 관계가 명료하게 정리되는 것은 아니다. 오히려 사회복지와 인권의 관계를 해명하는 것과 거리가 멀어진 것이며 인권을 윤리와 치환함으로써 윤리가 인권인가 인권이 윤리의 전부 또는 핵심인가 등 새로운 논란의 여지가 생길 수 있다.

---

19) 양옥경, 『사회복지 윤리와 인권』, 공동체, 2017.

20) 같은 책, p.219.

21) 같은 책, pp.219~220.

제7장

인권의 보편성과 복지정책의 보편주의

인권은 인간의 권리이므로 인간이면 누구나 권리의 주체가 된다는 점에서 보편성을 갖는다. 이러한 인권의 보편성과 보편적 복지에서의 보편성을 견주어 본다.

1. 강한 인권보편주의가 강한 상대주의 비판 야기

이념적으로 볼 때 인권의 일차적인 성격은 보편성이라 하겠다. 즉, 인간이라면 누구나 인권의 주체가 되는 것이며, 모든 사람은 인간이라는 이유만으로 인권이 인정되며 인권을 주장 또는 요구할 수 있는 것이다. 이러한 보편주의가 도덕적 보편성을 절대적으로 강조하는 나머지 현실

적인 반대에 부딪쳐 온 것도 사실이다.[1]

현실에서는 누구에게나 인정되는 인권에 대하여 거부하거나 반대하는 경우들이 있다. 문화적 다양성을 존중하는 문화상대주의적 입장이 인권의 보편성에 대하여 비판적 입장을 취한다. 이렇게 인권에 대해 비판적인 사람들은 인권의 보편성이란 제2차 세계대전 이후 서구 국가들이 인권담론을 지배해 오면서 만들어낸 환상이며, 문화제국주의를 위한 이데올로기적 위장술일 뿐이라고 주장한다.[2]

한편, 사회복지정책과 제도의 네 가지 차원[3] 중 대상자를 나타내는 할당(allocation) 차원의 범주로서 보편주의(universalism)가 있다. 이는 한 국가 내에서 모든 국민을 대상으로 사회복지를 제공한다는 뜻이다. 그러므로 난민이나 외국인은 자민족 중심주의(ethnocentrism) 성격이 강한 사회복지정책의 대상자가 되기 어렵다. 즉, 난민이나 외국인은 인권의 주체로 인정될 수는 있어도 복지의 대상이 되기에는 한계가 있다는 것이다. 인권이 보편적이더라도 사회복지는 보편적 범주만 갖는 것이 아니라 선별주의

---

1) 보편주의와 상대주의의 충돌과 교차에 대하여 박구용, "인권의 보편적 정당화와 해명", 사회와 철학 vol.7, 사회와 철학연구회, 2004. 참조.

2) Michael Freeman, 김철효 옮김, 『인권: 이론과 실천』, 아르케, 2005, p.142.

3) 할당과 급여, 전달과 재정을 말한다. Neil Gilbert · Paul Terrell, 남찬섭 외 옮김, 『사회복지정책론: 분석틀과 선택의 차원』, 지식공동체, 2020.

(selectvity) 범주도 있기 때문이다.

2. 악인(惡人)의 인권과 복지

그런가 하면 사회복지의 대상이 될 수는 있어도 인권의 주체로 인정되기 어려운 경우도 있다. 대표적인 예가 범죄자(또는 혐의자)의 경우다. 여기에서 범죄자(혐의자)는 타인의 인권이나 이익을 침해한 가해자이므로 선의(善意)의 주체로 보지 않는다는 의미에서 '악인(惡人)'으로 명명(命名)해 보자. 범죄자 또는 범죄 혐의자 또한 인간이므로 인권보편주의 입장에서는 기본적인 인권을 보장받아야 한다. 그래서 범죄자 또는 혐의자이지만 얼굴이나 신상이 노출되지 않도록 하였다. 그것은 그의 인권 보호 때문이었다.

하지만 갈수록 잔혹해지는 범죄 수법 등으로 가해자인 범죄자의 얼굴과 신상을 공개하라는 사회적 요구가 강력해지면서 현재는 「특정강력범죄의 처벌에 관한 특례법」(약칭: 특정강력범죄법) 제8조의2에 따라 특정한 경우 피의자의 얼굴, 성명, 나이 등을 공개할 수 있게 되었다. 예컨대, N번방 사건의 조○○ 등을 들 수 있다. 이렇게 범죄자 또는 피의자의 인권은 합법적으로 제한하거나 유보할 수 있게 되었다. 그러므로 이제 더 이상 인권은 보편적이라 할 수 없게 되었다. 일명 '나영이 사건'으로 악명을 떨친 범죄자 조○○이 2020년 12월 만기 출소하여 기초연금을 포함하여 기초생활보장 급여 등 월 120만 원의 사회복지 급여를 받는다고 알려져 많은 국민들이 이에 반대하는 청와대 국민청원에 나서는 등 사회적 논란을 일으켰다.

사람들의 여론은 반인륜적인 흉악범에게는 생존권을 포함하는 기본적 인권을 인정하거나 보호하면 안 된다는 것이다. 「국민기초생활보장법」이나 「기초연금법」 같은 사회복지법상 조○○에게는 신청자격이 있고 권리가 있다. 이 법들은 사회복지법으로서 할당의 범주가 '선별주의(selectivity)'에 해당된다. 그러나 사회구성원들의 정서는 이를 용납하지 않는다.

이렇게 선별주의 정책의 적용조차 부정적으로 보는 입장에서는 보편주의 복지정책의 적용은 마찬가지로(또는 더욱) 반대했을 것이다. 인권의 보편성이 관념적, 이념적 차원에서는 지지를 받지만 현실에서는 용납되기 어려운 점이 있다는 것을 보여주는 사례이다.

사회복지의 관점에서 가해자의 복지권을 인정한다 하더라도 현실적으로는 사람들에게 불편하게 받아들여진다. 선별주의 복지든 보편주의 복지든 인권 가해자의 복지나 복지권에 대하여 선뜻 동의하지 못하는 사람들이 많다.

이러한 경우에 대개 유린당한 피해자의 인권을 거론하거나 자기 자신을 피해자에게 대입하여 생각하라는 문제제기가 나온다.

이러한 반대는 '보편성'의 논리와 기준에서는 옳지 않으나 심리정서적 또는 주관적 관점에서는 오히려 매우 강력하게 지지된다. 예컨대 성폭력 피해자와 그 가족에게 가해자의 인권도 인정해야 한다고 말하는 것이 얼마나 타당하고 적절하게 받아들여지겠는가? 오히려 얼마나 잔인한 말인가? '인권'의 논리 또는 이론으로 이 문제를 해결해야 할 수 있어야 한다. 더욱이 조○○의 경우, 복지는 선별적인 것이고 법 규정상 주어질 수밖에 없는데도 그의 복지와 인권은 사회적으로 강렬한 거부반응을 일으키고 있다.

이것을 인권 이론적으로 어떻게 논리적으로 정리할 것인가가 과제로 남아 있다. 또한 인권과 복지가 일치된 해답을 나타내는 것이 어려워 보인다. 인권이 문제인가 복지가 문제인가? 아무튼 인권의 보편성은 성립되기 어려운 상황에 놓여 있다.

인권론은 이러한 소위 '악인의 문제'를 논리적 · 이론적으로 해결해야 할 것이다. 악인에게 인권을 인정할 수 없다면 인권의 보편성을 말할 수는 없는 것이다. 아니면 악인에게도 예외 없이 인권을 인정해야 한다는 것을 범죄피해자에게 용인하도록 의무를 지워야 할까? 악인이라면 보편적 복지 적용도 제한해야 하는가? 참으로 어려운 문제다. 대개 이슬람의 문화와 가치 또는 동아시아 유교문화의 가치를 강조하는 문화상대주의가 인권의 보편성을 비판해 왔다. 그러나 과도한 상대주의는 인류의 보편적인 역사적 노력을 무시하거나 인류의 모든 지역과 민족이 인류의 보편적 인권과 가치를 인정하고 적용할 수 있는 윤리적이거나 도덕적 기준을 가지고 있다는 점을 부인하는 모순을 드러내고 있다. 그러므로 과도한 문화상대주의적 접근의 편협성을 극복하는 노력 또한 필요하다.[4)]

3. 개인주의와 공동체주의의 소통과 조화 필요

인권은 개인의 권리인데 이것을 도덕적인 절대성에 근거하여 보편적으로 강조하면 공동체의 문화적 가치나 원리와 충돌할 수 있다. 앞에서 제기한 악인의 문제도 인권의 보편성이나 문화적 상대성만으로는 해결할 수 없다. 공동체의 문화적 가치 속에서 개인이 악인이라 하더라도

4) 정영선, "인권사상의 재인식과 인권의 보편성: 권리주체의 재인식과 '상대적 보편성 논의'를 중심으로", 한국 동북아논총, vol.16, 한국 동북아학회, 2000.

인정되어야 할 권리의 보편성이 소통을 통해 정리되어야 할 것이다. 그렇지 않고 인권의 도덕적 절대성만을 내세우면 악인이라는 명분으로 기본적인 인권조차 거부되는 자가당착에 빠지게 된다. 그렇다고 해서 악인을 제외한 사람들의 인권만을 인정하거나 상대주의가 지나치게 되면 공동체가 개발하고 지켜온 사회복지의 가치적·문화적 원칙에 위배되는 자가당착을 가져온다.

그러므로 인권과 복지의 활발한 소통을 통해 진리를 찾는 노력이 필요하다. 그렇지 않으면 인권 일변도나 복지 일변도의 제국주의적 함정에 빠질 것이다.

제8장
헌법을 통한 성찰: 인권의 보장

사회복지는 인권과 어떻게 연관성을 이루고 있는지 좀 더 구체적으로 인식할 수 있는 해명이 필요할 것 같다.

1. 인권은 보장되어야 한다

인권은 그 자체로 어떤 의미를 가질까? 인권은 실존하는 인간에게 매우 중요하기 때문에 보장되어야 한다. 보장되지 않는 인권이란 지켜지지 않는 약속과 같아 무의미하다고 할 수 있다. 그러므로 '인권'이라는 단어는 그 안에 반드시 보장돼야 한다는 속성을 이미 내재하고 있다고 보아야 할 것이다. 보장을 전제하고 현실적으로 기대할 수 있을 때 인권은 비로소 의미가 있다고 하겠다.

그렇다면 인권은 누가 보장하는가? 인권이 자연권이니 자연이 보장할까? 아니면 신(神)이 보장할까?

그렇지 않다. 현실적으로 인권을 보장할 수 있는 주체는 국가다. 인권의 자연권성(自然權性)[1]과 천부성(天賦性)[2]을 너무 강조하다 보면 그 보편성과 절대성을 내세우게 된다. 이렇게 인권의 절대성과 보편성을 내세우면 다양한 사람들의 인권이 충돌하는 현상을 설명하기 어렵게 되며, 오히려 각자의 인권들이 제한되는 결과를 가져오게 된다.[3]

이렇게 인권의 선험적(先驗的)이고 형이상학적(形而上學的) 성격만을 강조하다 보면, 인권은 너무 자명(自明)한 것이 되어서 더 이상의 논의를 할 수 없게 된다. 그렇다면 이렇게 절대적이면서 추상적인 인권을 누가 보장하는가? 자연권이라 칭하지만 자연이 보장하는 것이 아니고 절대자인 신(神)이 보장하는 것도 아니다. 현실적으로 국가의 힘에

---

1) 국가가 법으로 인정하기 전에 모든 인간이 태어날 때부터 생래적(生來的)으로 갖는 선험적(先驗的)인 권리라는 의미.

2) 존 로크(J. Locke)가 인권이론을 주창할 때 인권의 근원을 기독교의 신(神)에서 찾았으며, 이를 통해 당대의 독자들로부터 동의를 얻을 수 있었다. 그러나 세계인권선언에서 인권의 보편성을 선언하였기 때문에 특정 종교의 신으로부터 근거하는 인권은 더 이상 보편적으로 동의되기 어려웠다. 자세한 내용은 Michael Freeman, 앞의 책, p.26. 참조.

3) 이준일, 『인권법』 제7판, 홍문사, 2017, p.1.

의해 보장될 수밖에 없는 것이다. 인권을 보장하는 것이 국가의 의무라는 것은 인권이 현실적으로 보장돼야 한다는 점에서 당연한 논리이고 주장이라고 하겠다.

이를 인권학자인 프레드먼(Sandra Fredman)은 '인권의 대전환(HUMAN TIGHTS TRANSFORMED)'이라고 표현한다.[4] 프레드먼에 따르면 전통적인 인권 개념은 권리 중심으로 설명되지만 이것은 국가의 의무와 짝을 이루어 권무(權務)의 개념으로 이해해야 한다는 점에서 인권의 대전환이라 하는 것이다. 이러한 주장을 받아들인다면, 국가의 정당성을 나타내는 최고의 규범인 헌법(憲法)을 살펴볼 필요가 있다. 즉, 인권에 관하여 규범적이고 법적인 차원에서 살펴볼 필요가 있다는 것이다.[5]

인권의 자연권성과 보편성을 강조하는 입장[6]은 가치와 이념으로서 인권을 바라보며 중요시한다. 이는 인권의 추상적 의미에 집중하는 것이다. 반면에 인권의 보장에 중점을 두는 입장[7]은 인권을 둘러싼 사회적 현실 요인들에 대해 관심을 가지며 이에 집중한다.

역사적으로 볼 때, 코크(Edward Coke)와 로크(John Locke)

---

4) Sandra Fredman, 조효제 옮김, 『인권의 대전환: 인권 공화국을 위한 법과 국가의 역할』, 교양인, 2009.

5) 박연주, 『판례와 사례를 중심으로 한 인권과 사회복지』, 학지사, 2020, p.16.

6) "인권 이상주의"로 칭하고자 한다.

7) "인권 현실주의"라 칭하고자 한다.

로 대표되는 영국 자유주의 인권사상이 1628년 권리청원(Petition of Rights), 1689년 권리장전(Bill of Rights)으로 이어지고, 이것이 미국의 건국과 독립에 영향을 미쳐 1776년 버지니아 권리장전(Virginia Bill of Rights)으로 이어지고, 1791년 미국 헌법에 10개조의 인권조항이 규정되었다. 프랑스 또한 프랑스 인권선언이 1791년 혁명헌법에 수용되었다.

인권을 국가가 수용하고 이를 보장하는 것을 국가의 책임으로 하는 세계적, 시대적 조류가 형성되었다. 우리나라의 헌법도 1948년 제헌 헌법부터 기본적인 인권을 기본권으로 받아들였다. 그렇다면 현행 헌법의 규정을 살펴보자. 우리 헌법은 기본권을 규정하면서 자연권으로서 인권을 인정하고 있으며[8], 복지에 관하여서도 매우 전향적인 태도를 보이고 있다. 우리 헌법의 인권 및 복지 관련 규정과 선언들을 통해서 인권과 복지의 관계를 살펴본다. 「헌법」 제10조와 제34조, 그리고 제37조를 주목해 보자.

---

8) 인권과 기본권의 관계에 대하여는 복잡하고 다양한 논설들이 있어 별도의 심층적인 성찰과 토론이 필요하다. 그러나 연원적으로 보아 기본권의 보장은 인권사상의 발달에 기원을 두고 있어 기본권의 발달과 인권의 발달은 밀접한 연관성을 가지고 있다. 정종섭, 『헌법과 기본권』, 박영사, 2010, p.5. 또한 기본권은 인권사상을 바탕으로 하여 인권을 실현시키려고 하는 것이므로 양자를 동일시하더라도 무방할 것이다. 김학성, 『헌법학 강의』, 성민사, 2001, p.219.

2. 인권은 기본권

「헌법」 제10조는 기본적 인권을 인정하고 이를 보장해야 할 국가의 의무를 규정하고 있다. 이는 헌법이 규정하고 있는 기본권[9)]에 관한 최고의 규정이며 가장 일반적인 규정이다. 그러므로 국민의 권리나 국가의 의무를 해석할 때 그 전제가 되는 기본적인 규정이며 헌법이 도달하려는 궁극의 목적이 된다. 이러한 「헌법」 제10조를 보면, '인간의 존엄과 가치'가 인권의 출발점이자 핵심 또는 본질이 된다.

> **제10조** 모든 국민은 인간으로서의 존엄과 가치를 가지며, 행복을 추구할 권리를 가진다. 국가는 개인이 가지는 불가침의 기본적 인권을 확인하고 이를 보장할 의무를 진다.

헌법을 개정하더라도 이 가치와 원칙을 위배할 수는 없는 것이며, 이 규정은 국가의 모든 작용을 제약하는 기준

9) 헌법이 인정하는 국민 개인의 권리를 말한다. 그러나 우리 헌법에서는 '기본권'이라는 표현은 쓰지 않고, 그 대신 '기본적 인권'(헌법 제10조)이라는 표현을 사용하고 있다. 기본권이라고 해서 모두 인권은 아니다. 예컨대, 재산권(헌법 제23조)은 기본권이지만 인권은 아니다. 그러나 자연권 또는 천부(天賦)의 권리와 같은 모든 인권은 실정화(實定化)된 기본권으로서 인정되고 보장된다.

이 되는 것이다. 이는 인권이 가진 불명확성과 비(非)강제성에 대하여 보호영역을 명확하게 하고 관철시킬 수 있도록 헌법상 기본권으로 전환시켜야 할 필요성을 말해 주는 것이다.[10] 기본권이란 실정헌법(實定憲法)에 의해 확인되든 창설되든 실정헌법에서 보장하는 권리다. 따라서 기본권은 실정성(實定性)을 갖는다. 즉, 실정법에 의해 보장되는 효력을 갖는다는 것을 의미한다. 이는 다음과 같은 의미를 가진다.[11]

첫째, 국가권력의 기본권에의 기속 및 실현의무를 법적 힘으로 강제할 수 있다는 것

둘째, 공동체 구성원의 기본권 준수를 국가를 통하여 법적인 힘으로 강제할 수 있다는 것

셋째, 기본권에 대한 침해 행위를 법적인 힘으로 배제할 수 있다는 것

넷째, 기본권은 법적으로 제한이 가능하며 동시에 그 제한에는 한계가 있다는 것을 의미한다.

이러한 기본권들 중에서 신앙의 자유, 양심의 자유, 사상의 자유, 표현의 자유, 신체의 자유, 사생활의 자유, 거

10) 이준일은 인권을 기본권체계의 최소한의 요소로 본다. 이준일, 앞의 책, p.9.

11) 정종섭, 『헌법과 기본권』, 박영사, 2010, p.15.

주 · 이전의 자유 등은 천부적(天賦的)인 자연권(自然權)이라 할 수 있으며 이렇게 실정 헌법에 규정되어 인정되고 선언되었으므로 실정화(實定化)된 자연권이라 하겠다.

우리의 현행 헌법은 인권을 기본권으로서 규정하고 있다. 국가는 개인이 가지는 기본적 인권을 확인하고 보장할 의무를 진다. 그렇다고 해서 모든 기본권이 인권이라고 할 수는 없다. 예컨대 재산권(헌법 제23조), 공무담임권(제25조), 청원권(혼법 제26조) 등의 기본권을 인권이라고 하기엔 한계가 있다.

3. 자연권으로서 인권

「헌법」 제37조 제1항은 인권 및 기본권 규정에 관하여 입법기술상 열거주의가 아니라 예시주의를 취하고 있다는 것을 표명한 것이다.[12] 이것은 매우 폭넓게 인권과 기본권을 인정하는 근거가 되다. 즉, 우리 헌법이 인권에 관하여 실정권(實定權)뿐만 아니라 자연권(自然權)을 인정하는 태도로 볼 수 있는 것이다. 예컨대, 생명권, 자기결정권, 침묵할 권리, 햇볕을 쬘 권리, 쉴 권리, 잘 권리, 볼

12) 윤찬영, 『사회복지법제론』 개정7판, 나남출판, 2017, p.90.

권리, 알 권리 등 일일이 나열하지 않더라도 제10조의 '인간의 존엄과 가치'에 부합하거나 이를 관철시킬 방법과 도구의 성격을 갖는 권리는 기본적 인권으로서 인정한다는 것이다.

이를 바탕으로 제11조 평등권, 제12조 이하 자유권뿐만 아니라 다양한 인권들을 인정하고 보장하겠다는 의지를 표명한 것이다. 그러므로 「헌법」 제10조를 기준으로 다양한 자연권을 기본권으로 인정하겠다는 것이다. 「헌법」 제10조와 제37조 제1항을 연결하면, 인권은 자연권인데 그것을 국가가 인정하고 보장하겠으며, 기본권으로서 헌법에 열거되지 않은 인권도 국가가 보장하겠다는 것이다. 인권을 인정하고 보장하는 데 우리나라는 매우 적극적인 태도를 보인다.

제37조 ① 국민의 자유와 권리는 헌법에 열거되지 아니한 이유로 경시되지 아니한다.

4. 사회권(또는 복지권)도 인권

「헌법」 제34조의 권리는 구체적인 명칭이 확정되어 있지 않지만, 대개 '사회권적 기본권' 또는 '생존권적 기본권'으로 분류된다. 또는 '복지권'으로 일컬어지기도 한다. 이는 제10조에 따라 헌법이 인정하는 복지 관련 인권이다. 이것은 짐 아이프가 말하는 제2세대 인권과 동일한 것으로 볼 수 있다. 인권의 두 기둥은 자유권과 사회권이다.[13] 세계 인권선언 제22조에서 제27조까지 사회권들이 제시되어 있다. 앵글로색슨계에서 유래된 것이 자유권이라면 유럽 대륙에서 발전한 것이 사회권이다.[14]

제34조 ① 모든 국민은 인간다운 생활을 할 권리를 가진다.
② 국가는 사회보장·사회복지의 증진에 노력할 의무를 진다.

이와 같이 우리 헌법은 인권을 기본권으로 인정하고 있으며, 인권의 하위 범주로서 자유권 외에도 생존권, 사회권(또는 복지권)을 인정하고 있다. 즉, 복지권은 기본권이자 인권으로 인정된다.

13) 조효제, 『인권의 최전선』, 교양인, 2020, p.34.

14) 같은 책, p.35.

5. 인권과 복지의 관계

그렇다면 인권과 복지에 관하여 우리 헌법은 어떤 태도를 보이고 있는가? 이를 이해하기 위해 기본권의 제한(헌법 제37조 제2항)에 대하여 살펴본다.

> **제37조** ② 국민의 모든 자유와 권리는 국가안전보장·질서유지 또는 공공복리를 위하여 필요한 경우에 한하여 법률로써 제한할 수 있으며, 제한하는 경우에도 자유와 권리의 본질적인 내용을 침해할 수 없다.

우리 헌법은 앞에서 보았듯이 인권과 기본권에 관하여 국가의 보장의무를 정하고 있다(헌법 제10조). 그러나 한편으로는 기본권을 제한하기도 한다. 개인의 자유와 권리는 공동체의 존속과 다른 개인의 행복추구와 조화를 이루어야 하기 때문에, 그 범위 내에서 제한될 가능성이 존재한다.[15] 이에 일반적인 법률유보(法律留保)를 규정하고 있다(헌법 제37조 제2항 앞부분). 이를 통해 불가피하게 인권과 기본권을 제한하는 경우를 허용하고 있는 것이다. 국가공동체와의 관계에서 인권이나 기본권을 유보할 수 있다

15) 정종섭, 앞의 책, p.99.

는 것이다. 이것을 가능케 하는 조건으로 ① 국가안전보장, ② 질서유지,[16] ③ 공공복리를 규정하고 있다. 이러한 조건일 때 한하여 법률[17]로 제한할 수 있다는 것이다. 이는 인권의 상대성을 인정하는 것이다.

인권의 보편성이나 절대성은 인권의 관념적 차원에서 이념이나 가치적으로 받아들여질 수 있더라도 현실적으로는 한계에 부딪치게 된다. 그래서 인권은 상대적인 것이다. 또한 여기에서 '법률'이란 국회가 제정하거나 개정하는 법률을 말한다. 이는 헌법상 국민주권의 원리상 당연한 것이다. 그러나 그렇다 하더라도 기본권을 제한하는 입법의 한계도 동시적으로 제시하고 있어 인권과 기본권의 제한에 관하여 불가피성을 상대적으로 수용하면서도 매우 엄밀하게 최소한에 그칠 것을 요구하고 있는 것이다(같은 항 단서). 이는 비례원칙을 표현한 것으로서 '과잉제한 금지의 원칙'[18]이라 한다.

이렇게 인권의 상대성과 제한 가능성을 인정할 수 있는

16) 사회질서의 개념에 국가안보와 공공복리를 포함하여 보면서 인권과 사회질서의 균형과 통합을 주장하는 입장도 있다. 인권은 사람을 살리고 질서는 세상을 살린다고 본다. 이상안, 『인권과 질서』, 대명출판사, 2005.

17) 입법권은 국회에 속한다(헌법 제40조). 그러므로 국민의 대표로 선출된 국회의원으로 구성된 국회에서 합법적인 절차로 제정 또는 개정된 법률을 말한다.

18) 같은 책, p.108.

세 가지 요건 중 '사회복지'와 관련되는 것이 '공공복리(公共福利)'이다. 여기에서 공공복리를 위하여 국민 개인의 기본권을 제한하는 법률들의 예를 들어 보면, 「독점규제 및 공정거래에 관한 법률」, 「문화재보호법」, 「소득세법」, 「감염병의 예방 및 관리에 관한 법률」, 「국민건강보험법」 등 다양하다.

보편주의적 대상자 범위를 갖는 사회보험법은 의무가입으로서 개인의 자유를 유보하는 측면이 있어 기본권 제한에 해당된다. 신청주의에 기반하는 공공부조법이나 사회복지서비스법 등에서도 신청자가 조사에 응하고 개인정보 등을 제공할 의무 등이 있어 기본권 제한에 해당된다.

공공복리는 사회복지의 범위를 넘어서는 매우 포괄적인 개념이다. 공공복리의 개념 범위가 너무 넓으면 기본권인 인권을 유보할 가능성과 범위가 커질 수 있다. 그러나 일단 사회복지가 공공복리에 포함된다고 볼 수 있기 때문에 '사회복지'를 이유로 인권을 유보할 수 있는 것이다. 이렇게 인권과 사회복지의 관계만으로 한정하면, 인권이 사회복지를 해치거나 위배한다면 제한될 수 있다는 것이다. 즉, 타인의 복지를 침해하는 개인의 인권은 법률로 제한될 수 있다는 뜻이다. 결론적으로 '사회복지'라는 전제 또는 범위 안에서 인권이 인정된다.

그런가 하면 인권은 내용상 자유권과 사회권으로 구분

할 수 있다. 자유권은 사람들이나 국가의 부작위(不作爲)를 필요로 한다. 즉, 적극적인 행위 없이 그냥 용인하면 보장되는 것이다. 그러나 사회권은 작위(作爲)를 요구한다. 예컨대, 교육받을 권리나 치료받을 권리는 교육과 치료 같은 적극적 행위를 필요로 한다. 그러므로 사회권에 속하는 종류의 인권은 사회복지와 같은 적극적인 개입과 행위들[19]에 실현되는 것이다. 이러한 측면을 고려한다면, 인권은 복지에 힘입어 이루어지는 것이다. 사회복지의 작용 없이 인권의 실현을 기대하기 어려운 측면이 있다.

인권은 권리(rights)이기 때문에 가치적인 최고의 중요성(paramount importance), 보편성(universality), 실현가능성(practicability)의 기준을 충족해야 한다.[20] 여기에서 사회권적 인권은 사회복지를 통하여 실행될 수 있는 것으로 본다. 사회복지가 인권 실현을 가능케 해주는 수단 또는 도구가 될 수 있다는 점을 보여준다. 그러므로 인권은 사회복지를 이유로 제한될 수도 있고, 동시에 사회복지를 통하여 비로소 실현될 수도 있는 것이다.

19) 그 주체가 국가든 공공기관이든 민간기관 또는 개인이든 적극적인 행위나 조치를 필요로 한다.

20) Raymond Plant et. al., 『POLITICAL PHILOOPHY AND SOCIAL WELFARE』, RKP., 1980, p.74.

제9장
사회복지법에서 인권

사회복지법에서는 인권을 어떻게 규정하고 있을까? 기본권으로서 복지권을 규정하고 있는 「헌법」 제34조 제5항을 보자.

> **제34조** ⑤ 신체장애자 및 질병 · 노령 기타의 사유로 생활능력이 없는 국민은 법률이 정하는 바에 의하여 국가의 보호를 받는다.

이것은 인권이나 기본권을 법률로 제한할 수 있다는 「헌법」 제37조 제2항의 법률유보와 다르게 법률을 통하여 인권이나 기본권이 실현될 수 있다는 기본권 형성적 법률유보 조항이다.[1] 사회복지법을 제정하여 생존권(또는 복지권)

1) "법률유보"라고 해서 기본권 제한 형식으로만 이해할 필요는 없다. 오히려

을 보장하라는 내용이다. 즉, 사회권으로서의 인권 또는 기본권의 보장을 법률(사회복지법)에 위임한 규정으로 볼 수 있다. 실제 사회복지법에서 인권 및 인권 보장을 어떻게 규정하고 있는지 살펴보자.

1. 「사회보장기본법」에서 인권

「사회보장기본법」은 시행법이 아니라 문자 그대로 기본법이기 때문에 구체적인 규정보다는 사회복지(또는 사회보장) 정책의 지향과 원칙 등을 규정하고 있다. 인권에 관하여 직접적으로 명시(明示)하고 있지는 않지만, 「헌법」 제10조와 제34조에 따라 행복하고 인간다운 생활을 향유할 수 있도록 하는 것이 이 법의 기본이념이다(법 제2조 전단부). 이것은 「헌법」 제10조의 행복추구권과 제34조의 인간다운 생활을 할 권리를 지향한다는 선언이다. 헌법이 인정하는 기본적 인권(행복추구권)과 사회권(인간다운 생활을 할 권리)에 부합하고자 하는 법이라는 것이다. 이러한 권리에 대하여 국가와 지방자치단체는 모든 국민의

법률을 통하여 기본권을 보장하게 하는 형성적 법률유보로 이해할 필요가 있다.

인간다운 생활을 유지·증진하는 책임을 가진다(법 제5조 제1항). 즉, 인권으로서 사회권의 보장은 국가와 지방자치단체가 책임을 져야 한다는 것이다. 법 제9조에서 사회보장수급권을 규정하고 있지만, 이것을 인권으로 인정할 수 있는지에 대해서는 논의가 필요하다. 다만, 「헌법」 제34조 제5항에 따라 기본권을 보장하기 위한 입법으로 볼 수 있을 것이다. 즉, 인권 보장을 위한 법적 권리로서 인정할 수 있겠다.

결론적으로 「사회보장기본법」은 인권으로서 사회권을 보장하기 위한 사회복지, 사회보장에 대하여 국가의 책임의 원칙을 규정한 법이다.

2. 「사회복지사업법」에서 인권

1) 목적(제1조)

「사회복지사업법」은 그 목적에서부터 인권을 규정하고 있다. 인간의 존엄성과 인간다운 생활을 할 권리를 보장한다는 것은 헌법의 이념과 규정을 따른다는 의미로서 인권을 보장하겠다는 뜻이다.[2] 즉, 「사회복지사업법」은 인권을 보장하여 사회복지의 증진에 이바지하려는 법이다. 인권이 사회복지를 위한 수단이 되는 것으로 이해할 수 있다.

> **제1조(목적)** 이 법은 사회복지사업에 관한 기본적 사항을 규정하여 사회복지를 필요로 하는 사람에 대하여 인간의 존엄성과 인간다운 생활을 할 권리를 보장하고 사회복지의 전문성을 높이며, 사회복지사업의 공정 · 투명 · 적정을 도모하고, 지역사회복지의 체계를 구축하고 사회복지서비스의 질을 높여 사회복지의 증진에 이바지함을 목적으로 한다.

2) 기본이념(제1조의2)

또한 「사회복지사업법」이 추구하는 기본이념은 인권과 밀접하게 관련을 맺고 있으며 매우 철저하게 인권에 기반을 두고 있다. 구체적인 내용을 보면, 다음과 같다. 사회복지가 이루어지는 과정에서 사회복지를 필요로 하는 사람은 자기결정권과 신청권을 행사할 수 있다(제1항). 그리고 사회복지사업을 시행하는 데 있어서 사회복지를 제공하는 자는 사회복지를 필요로 하는 사람의 인권을 보장하여야 한다(제

2) 인간의 존엄과 가치는 「헌법」 제10조, 인간다운 생활을 할 권리는 「헌법」 제34조에 규정된 기본권이자 인권이다.

3항). 또한 사회복지서비스를 제공하는 자는 사회복지서비스를 이용하는 사람의 선택권을 보장하여야 한다(제4항).

제1조의2(기본이념) ① 사회복지를 필요로 하는 사람은 누구든지 자신의 의사에 따라 서비스를 신청하고 제공받을 수 있다.
② 사회복지법인 및 사회복지시설은 공공성을 가지며 사회복지사업을 시행하는 데 있어서 공공성을 확보하여야 한다.
③ 사회복지사업을 시행하는 데 있어서 사회복지를 제공하는 자는 사회복지를 필요로 하는 사람의 인권을 보장하여야 한다.
④ 사회복지서비스를 제공하는 자는 필요한 정보를 제공하는 등 사회복지서비스를 이용하는 사람의 선택권을 보장하여야 한다.

3) 국가와 지방자치단체의 복지와 인권에 관한 책임(제4조 및 제13조)

국가와 지방자치단체는 복지와 인권 모두에 대하여 책임을 지며, 사회복지의 주체로서 국가와 지방자치단체는 사회복지서비스 증진과 사회복지서비스 이용자의 인권침해 예방과 인권옹호의 책임을 진다(제1항). 그런가 하면, 제4항과 제5항은 국가와 지방자치단체의 복지에 대한 책임을 강조하고 있다. 최근 장애인 인권의 상징으로 매우 뜨겁게 제기되는 '탈시설(脫施設)'[3]과 상충되는 내용이 제4항에 규정되어 있다. 국가와 지방자치단체에 대하여 사회복지 대상자 본인의 복지를 고려하여 사회복지시설의 균형적 설치를 요구하고 있는 것이다. 이는 탈시설을 장애인 인권실현의 기본적 입장으로 하는 주장과 충돌하는 규정이어서 논란의 소지가 있다.

그러나 사회복지 대상자의 인권을 위하여 사회복지 제공자 및 사회복지사에 대하여 인권교육을 강화할 것을 요구하고 있기도 하다(제4조 제6항 및 제13조 제2항). 또한 사회복지서비스의 제공은 사회복지를 필요로 하는 사람의 인권이 존중되는 방식으로 이루어져야 한다(제4조 제6항 전단). 긴급한 인권침해 상황에 신속히 대응할 체계를 갖출 것을 국가와 지방자치단체에 명하고 있다(제4조 제7항).

제4조(복지와 인권증진의 책임) ① 국가와 지방자치단체는 사회복지서비스를 증진하고, 서비스를 이용하는 사람에 대하여 인권침해를 예방하고 차별을 금지하며 인권을 옹호할 책임을 진다.

② 국가와 지방자치단체는 사회복지서비스와 보건의료서비

3) 탈시설론자들은 사회복지시설의 반(反)인권문제를 제기하며 매우 강력한 탈시설을 대안으로 제기하는 경향이 있다.

스를 함께 필요로 하는 사람에게 이들 서비스가 연계되어 제공되도록 노력하여야 한다.

③ 국가와 지방자치단체, 그 밖에 사회복지사업을 하는 자는 사회복지를 필요로 하는 사람에 대하여 그 사업과 관련한 상담, 작업치료(作業治療), 직업훈련 등을 실시하고 필요한 경우에는 주민의 복지 욕구를 조사할 수 있다.

④ 국가와 지방자치단체는 도움을 필요로 하는 국민이 본인의 선호와 필요에 따라 적절한 사회복지서비스를 제공받을 수 있도록 사회복지서비스 수요자 등을 고려하여 사회복지시설이 균형 있게 설치되도록 노력하여야 한다.

⑤ 국가와 지방자치단체는 민간부문의 사회복지 증진활동이 활성화되고 국가 및 지방자치단체의 사회복지사업과 민간부문의 사회복지 증진활동이 원활하게 연계될 수 있도록 노력하여야 한다.

⑥ 국가와 지방자치단체는 사회복지를 필요로 하는 사람의 인권이 충분히 존중되는 방식으로 사회복지서비스를 제공하고 사회복지와 관련된 인권교육을 강화하여야 한다.

⑦ 국가와 지방자치단체는 사회복지서비스를 이용하는 사람이 긴급한 인권침해 상황에 놓인 경우 신속히 대응할 체계를 갖추어야 한다.

⑧ 국가와 지방자치단체는 시설 거주자의 희망을 반영하여 지역사회보호체계에서 서비스가 제공될 수 있도록 노력하여야 한다.

⑨ 국가와 지방자치단체는 사회복지서비스를 필요로 하는 사람들에게 사회복지서비스의 실시에 대한 정보를 제공하여야 한다.

⑩ 국가와 지방자치단체는 사회복지서비스를 제공하는 자로

부터 위법 또는 부당한 처분을 받아 권리나 이익을 침해당한 사람을 위하여 간이하고 신속한 구제조치를 마련하여야 한다.

제13조(사회복지사의 채용 및 교육 등) ② 보건복지부장관은 사회복지사의 자질 향상을 위하여 필요하다고 인정하면 사회복지사에게 교육을 받도록 명할 수 있다. 다만, 사회복지법인 또는 사회복지시설에 종사하는 사회복지사는 정기적으로 인권에 관한 내용이 포함된 보수교육(補修敎育)을 받아야 한다.

4) 사회복지사업의 원칙(제5조): 인권존중과 무차별 봉사

또한 사회복지사업법은 사회복지사업을 수행할 때 지켜야 하는 인권존중과 무차별 봉사의 원칙을 선언하고 있다(제1항). 이에 사회복지 개별법들의 규정에 따라 인권침해 행위를 처벌하는 것은 물론[4] 이러한 사실을 공표하도록 하고 있어(제2항), 인권에 관하여 사회 공동체에 호소하고 있다.

제5조(인권존중 및 최대 봉사의 원칙) ① 이 법에 따라 복지업무에 종사하는 사람은 그 업무를 수행할 때에 사회복

4) 예컨대 「장애인복지법」 제59조의9(금지행위)를 위반하면 징역 또는 벌금형에 처한다(장애인복지법 제86조).

지를 필요로 하는 사람을 위하여 인권을 존중하고 차별 없이 최대로 봉사하여야 한다.
② 국가와 지방자치단체는 복지업무에 종사하는 사람이 그 업무를 수행할 때에 사회복지를 필요로 하는 사람의 인권을 침해하는 행위를 한 경우에는 제2조 제1호 각 목의 법률이 정하는 바에 따라 처분하고 그 사실을 공표하는 등의 조치를 하여야 한다.

3. 개별 사회복지법에서의 인권

사회적 약자들의 복지를 다루는 사회복지법들에서 직접적으로 인권을 언급하거나 간접적 또는 내용적으로 인권을 규정하고 있는 부분들을 살펴본다.

1) 「국민기초생활보장법」

이것은 「헌법」 제34조 제5항에 따라 생존권적 기본권을 보장하기 위한 법률이다. 그리하여 수급품에 대한 압류금지(법 제35조)와 양도 금지(법 제36조)를 규정하고 있다.

2) 「아동복지법」

'아동권리에 관한 국제협약'을 따라 기본적인 아동의 인권을 보장하고 있다. 법의 기본이념(법 제2조)에서 평등권(제1항), 발달권(제2항), 보호권(제4항) 등을 선언하고 있다. 또한 금지행위(법 제17조) 규정을 통해 아동학대를 금지하며 학대에 따른 예방과 방지 조치(법 제22조 및 제22조의2 이하) 등 다양한 지원, 아동보호전문기관(법 제45조~제46조), 아동권리보장원(법 제10조의2) 등의 기관들과 학대행위에 대한 형사처벌(법 제71조) 등 실효성을 위한 규정과 장치들을 두고 있다.

이상과 같이 「아동복지법」에서는 직접적으로 '인권'이라는 표현을 규정하지 않지만 아동 인권을 보장하기 위하여 일반적 규범인 국제 조약에 부합하도록 아동의 인권을 위한 복지적 대책과 고려들에 관하여 규정을 두고 있다. 아동 '복지'법이지만 아동 '인권'을 위한 법으로 볼 수 있다. '복지'이지만 내용상 '인권'을 매우 강하게 규정하고 있어 아동복지를 위한 아동 인권 보장의 법률이라고 볼 수 있다.

제2조(기본 이념) ① 아동은 자신 또는 부모의 성별, 연령, 종교, 사회적 신분, 재산, 장애유무, 출생지역, 인종 등에

따른 어떠한 종류의 차별도 받지 아니하고 자라나야 한다.

② 아동은 완전하고 조화로운 인격발달을 위하여 안정된 가정환경에서 행복하게 자라나야 한다.

③ 아동에 관한 모든 활동에 있어서 아동의 이익이 최우선적으로 고려되어야 한다.

④ 아동은 아동의 권리보장과 복지증진을 위하여 이 법에 따른 보호와 지원을 받을 권리를 가진다.

제17조(금지행위) 누구든지 다음 각 호의 어느 하나에 해당하는 행위를 하여서는 아니 된다.

1. 아동을 매매하는 행위
2. 아동에게 음란한 행위를 시키거나 이를 매개하는 행위 또는 아동에게 성적 수치심을 주는 성희롱 등의 성적 학대행위
3. 아동의 신체에 손상을 주거나 신체의 건강 및 발달을 해치는 신체적 학대행위
4. 삭제
5. 아동의 정신건강 및 발달에 해를 끼치는 정서적 학대행위
6. 자신의 보호·감독을 받는 아동을 유기하거나 의식주를 포함한 기본적 보호·양육·치료 및 교육을 소홀히 하는 방임행위
7. 장애를 가진 아동을 공중에 관람시키는 행위
8. 아동에게 구걸을 시키거나 아동을 이용하여 구걸하는 행위
9. 공중의 오락 또는 흥행을 목적으로 아동의 건강 또는 안전에 유해한 곡예를 시키는 행위 또는 이를 위하여 아동을 제3자에게 인도하는 행위
10. 정당한 권한을 가진 알선기관 외의 자가 아동의 양육을 알선하고 금품을 취득하거나 금품을 요구 또는 약속하는 행위

11. 아동을 위하여 증여 또는 급여된 금품을 그 목적 외의 용도로 사용하는 행위

3) 「장애인복지법」

이 법은 장애인의 인권 보장을 위해 장애인의 복지를 추구하는 방향으로 목적을 설정하고 있다(제1조).

제1조(목적) 이 법은 장애인의 인간다운 삶과 권리보장을 위한 국가와 지방자치단체 등의 책임을 명백히 하고, 장애발생 예방과 장애인의 의료・교육・직업재활・생활환경개선 등에 관한 사업을 정하여 장애인복지 대책을 종합적으로 추진하며, 장애인의 자립생활・보호 및 수당지급 등에 관하여 필요한 사항을 정하여 장애인의 생활안정에 기여하는 등 장애인의 복지와 사회활동 참여 증진을 통하여 사회통합에 이바지함을 목적으로 한다.

또한 장애인의 참여와 평등을 통한 사회통합의 추구(제3조), 장애인의 인권(제4조 제1항)과 기본적 권리(제4조 제2항 및 제3항)와 차별금지(제8조) 등을 선언하여, 이 법이 기본적으로 장애인의 인권을 지향하고 있다는 것을 보여주고 있다.

제3조(기본이념) 장애인복지의 기본이념은 장애인의 완전한 사회 참여와 평등을 통하여 사회통합을 이루는 데에 있다.

제4조(장애인의 권리) ① 장애인은 인간으로서 존엄과 가치를 존중받으며, 그에 걸맞은 대우를 받는다.
② 장애인은 국가·사회의 구성원으로서 정치·경제·사회·문화, 그 밖의 모든 분야의 활동에 참여할 권리를 가진다.
③ 장애인은 장애인 관련 정책결정과정에 우선적으로 참여할 권리가 있다.

제8조(차별금지 등) ① 누구든지 장애를 이유로 정치·경제·사회·문화생활의 모든 영역에서 차별을 받지 아니하고, 누구든지 장애를 이유로 정치·경제·사회·문화생활의 모든 영역에서 장애인을 차별하여서는 아니 된다.
② 누구든지 장애인을 비하·모욕하거나 장애인을 이용하여 부당한 영리행위를 하여서는 아니 되며, 장애인의 장애를 이해하기 위하여 노력하여야 한다.

특히, 장애인의 의사결정에 따른 자립생활 지원(제53조~제55조)은 장애인 인권 보장을 위한 복지 정책과 실천의 방향을 확고하게 보여준다. 소위 '탈시설(脫施設)'을 말한다. 장애인의 인권을 위하여 시설 중심의 복지보다 탈시설의 복지를 강조하는 것이다.

제53조(자립생활지원) 국가와 지방자치단체는 장애인의 자기결정에 의한 자립생활을 위하여 활동지원사의 파견 등 활동보조서비스 또는 장애인보조기구의 제공, 그 밖의 각종 편의 및 정보제공 등 필요한 시책을 강구하여야 한다.

제54조(장애인자립생활지원센터) ① 국가와 지방자치단체는 장애인의 자립생활을 실현하기 위하여 장애인자립생활지원센터를 통하여 필요한 각종 지원서비스를 제공한다.
② 제1항의 규정에 따른 장애인자립생활지원센터에 관하여 필요한 사항은 보건복지부령으로 정한다.
③ 국가와 지방자치단체는 장애인자립생활지원센터에 예산의 범위에서 운영비 또는 사업비의 일부를 지원할 수 있다.

제55조(활동지원급여의 지원) ① 국가와 지방자치단체는 장애인이 일상생활 또는 사회생활을 원활히 할 수 있도록 활동지원급여를 지원할 수 있다.
② 국가 및 지방자치단체는 임신 등으로 인하여 이동이 불편한 여성장애인에게 임신 및 출산과 관련한 진료 등을 위하여 경제적 부담능력 등을 감안하여 활동지원사의 파견 등 활동보조서비스를 지원할 수 있다.

4) 「노인복지법」

이 법률은 기본적으로 노인학대 예방을 강조하고 있으며(제6조 제4항), 노인복지시설 운영자와 종사자는 인권교육을 받아야 하고, 노인에 대하여 인권교육을 시행할 수 있도록 규정하고 있다(제6조의3).

> **제6조(노인의 날 등)** ① 노인에 대한 사회적 관심과 공경의식을 높이기 위하여 매년 10월 2일을 노인의 날로, 매년 10월을 경로의 달로 한다.
> ④ 범국민적으로 노인학대에 대한 인식을 높이고 관심을 유도하기 위하여 매년 6월 15일을 노인학대예방의 날로 지정하고, 국가와 지방자치단체는 노인학대예방의 날의 취지에 맞는 행사와 홍보를 실시하도록 노력하여야 한다.

> **제6조의3(인권교육)** ① 제31조의 노인복지시설 중 대통령령으로 정하는 시설을 설치·운영하는 자와 그 종사자는 인권에 관한 교육(이하 이 조에서 "인권교육"이라 한다)을 받아야 한다.
> ② 제31조의 노인복지시설 중 대통령령으로 정하는 시설을 설치·운영하는 자는 해당 시설을 이용하고 있는 노인들에게 인권교육을 실시할 수 있다.

또한 금지행위(제89조의9)를 규정하고 노인학대 예방과 사후관리 등을 규정하여 노인 인권을 강조하고 있다.

5) 가해자 처벌하고 피해자 보호하는 법

인권 개념의 배경에는 가해자와 피해자의 구도가 자리잡고 있으며, 현실적으로도 가해자와 피해자의 관계 속에서 인권의 개념이 작동한다. 그러므로 가해자를 처벌하고 피해자를 보호하는 것이 인권적 정의(正義)에 해당하며, 이러한 구조로 이루어진 사회복지법률로는 「성폭력방지 및 피해자보호 등에 관한 법률」(약칭 성폭력방지법), 「가정폭력방지 및 피해자보호 등에 관한 법률」(약칭 가정폭력방지법), 「성매매방지 및 피해자보호 등에 관한 법률」(약칭 성매매피해자보호법), 「아동학대범죄의 처벌 등에 관한 특례법」(약칭 아동학대처벌법), 「장애인차별금지 및 권리구제 등에 관한 법률」(약칭 장애인차별금지법)[5] 등이 있다.

이러한 법률들 중에서 「성폭력방지 및 피해자보호 등에 관한 법률」은 성폭력을 예방하고 성폭력피해자를 보호·지원함으로써 인권증진에 이바지함을 목적으로 한다(법 제1조). 「가정폭력방지 및 피해자보호 등에 관한 법률」은 "가정폭력 피해자는 피해 상황에서 신속하게 벗어나 인간으로서의 존엄성과 안전을 보장받을 권리가 있다.'(법 제2조)고 기본 이념을 선언하고 있다. 「장애인차별금지 및 권리구제 등에 관한 법률」은 장애인의 완전한 사회참여와 평등권 실현을 통하여 인간으로서의 존엄과 가치를 구현함을 목적으로 한다(법 제1조). 그 밖에도 장애인의 자기결정권과 선택권을 인정한다(법 제7조).

---

5) 이 법이 사회복지법이라고 규정하기에는 논란의 여지가 있으나 주무부서가 보건복지부 장애인권익지원과이다.

이와 같이 볼 때, 가해자를 처벌하고 피해자를 보호하는 법률들은 직접적으로 인권을 명시하거나 인권의 내용을 규정함으로써 인권 보호와 증진에 기여하고 있다는 것을 알 수 있다.

4. 종합

「사회복지사업법」 이하 「아동복지법」, 「장애인복지법」, 「노인복지법」 등은 사회복지법으로서 인권을 매우 중요하게 강조하고 있다. 법의 목적이 복지인지 인권인지 명확하게 구분되어 있지 않을 정도로 복지와 인권을 동시적으로 강조하고 있다고 볼 수 있다. 이들 법률은 사회적 약자인 아동, 장애인, 노인에 대하여 규정하는 법이라서 더욱 그러하게 보인다. 특히. 아동권리에 관한 국제협약과 장애인 권리에 관한 국제협약 등 때문에 더욱 그러하다고 볼 수 있다. 「사회보장기본법」이나 「국민기초생활보장법」은 직접적으로 '인권'을 명시(明示)하고 있지는 않지만 헌법상 행복추구권과 인간다운 생활을 할 권리의 보장을 위하여 필요한 내용들을 규정하고 있다. 또한 인권 피해자를 보호하는 입법 목적을 갖는 법률들도 피해자의 인권 보호와 증진에 주력하고 있다.

제10장

시민권의 등장과 변천

원래 시민이란 도시에 거주하는 사람이라는 뜻이다.[1] 세계사적으로 중세의 몰락과 근세의 등장이 도시민들에 의해 이루어졌다. 자본주의 경제가 지배하는 도시에서 시민이란 부르주아계급을 일컫는 말이기도 하다. 이들의 혁명에 의해 시민사회와 시민국가가 수립되었으니 현대사회에서 시민이란 사회구성원을 일컫는 말이고, 우리나라에서는 국민과 거의 동의어로 쓰이고 있다. 즉, 한 나라를 이루고 있는 주권자를 시민이라 부른다.

시민혁명은 계몽주의 사상가들의 영향을 받아 인권사상을 핵심에 담고 있었다. 이러한 사상은 천부인권(天賦人權)의 이념으로 전파되었다. '하늘이 부여해 준 인권'이라는

1) 최현, 『인권』, 책세상, 2008, p.67.

이념은 머릿속에서 추상적으로만 존재할 뿐 실물(實物, real thing)을 확인할 수 없었던 것이다. 이러한 인권을 구체적으로 확인하고 인정하는 것은 시민혁명을 거치면서 시민권(市民權, citizenship, civil rights)의 개념과 형태로 등장하게 되었다.

근대 시민국가는 시민권을 인정하고 보장하였다. 시민권 제도는 근대 국민국가를 형성하고 유지하는 중요한 제도적 장치였다. 시민권제도는 시민들이 서로 평등하다는 생각을 바탕으로 시민들 사이에 평등, 동질감, 소속감을 갖게 하였다.[2] 이러한 시민권은 인권을 국가 단위에서 인정한 것이며, 시민의 자격과 범위가 노동자, 여성 등으로 확대되었다.[3]

시민권의 개념도 복잡하지만 일단 요약하자면, 사회집단, 가족, 개인에게 집합적 급여를 제공하는 사회정치적(socio-political) 구성원의 자격을 규정하는 권리의 집합이라고 정의할 수 있다.[4] 이러한 시민권은 크게 세 가지 흐름으로 나누어 볼 수 있다. 〈첫째〉 복지제도와의 역사적 관련성 속에서 시민권 개념을 파악하는 영국적 전통의 시민

---

2) 같은 책, p.71.

3) 윤찬영, 앞의 책, 2017, p.317.

4) Turner, B. S. & Hamilton, P. ed., 『Citizenship: Critical Concept』, Routledge, 1994, p.1.

권, 〈둘째〉 사회구성원의 자격과 지위를 나타내는 미국적 개념의 시민권, 〈셋째〉 국가와 시민사회의 구도 속에서 국가권력으로부터 자유로운 시민된 권리를 나타내는 유럽 대륙식의 시민권 개념이 있다.[5)]

이를 더욱 분명하게 정리하면, 미국식의 성원권(成員權, memberdhip right) 개념의 시민권, 유럽 대륙식의 자유권적인 시민권, 영국식의 사회권적 시민권으로 표현할 수 있겠다. 영국 목지국가의 발달과 변천을 시민권의 변천을 통해 설명한 마샬(T. H. Marshall)에 따르면, 시민권은 자유권 중심의 공민권(civil right)으로부터 참정권(political right)을 거쳐 사회권(social right)으로 진화한다는 것이다.[6)]

경제 영역의 시민권인 공민권, 정치 영역의 시민권인 참정권, 그리고 적정 수준의 경제적 복지 및 보장으로부터 사회적 유산을 충분히 공유하고 사회의 보편적 기준에 따라 문명화된 삶을 영위할 수 있는 권리에 이르기까지 전 범위의 권리를 포함하는 것이 사회권이다. 사회권은 자유권적인 공민권을 토대로 하면서도 참정권을 매개로 하여 자유권적인 공민권의 한계를 극복하려는 변증법적 성격을 띤다. 결국, 현대사회에서 인권은 공민권, 참정권, 사회권 등의 통합된 시민권의 형태로 보장되고 있다. 즉,

5) 같은 책, p.7~8.

6) 윤찬영, 앞의 책, 나남출판, pp.319~321.

국가에 의해 국가 단위로 국가의 구성원들에게 시민권의 이름으로 인권이 보장되는 것이다.[7] 막연하고 추상적인 인권이 국가에 의해 정치적으로 승인되고 보호 내지 보장되는 구조를 갖춘 것이다.

인권이 추상적인 개념이라면 시민권은 정치적인 개념이다. 관념적인 인권을 정치적으로 구체적 권리로 승인한 것이 시민권이다. 그러나 시민권 역시 '정치적 승인'이라는 모호함을 떨치기 어렵다. 그리하여 문서화된 최고의 규범인 헌법에 적어놓을 필요가 생겼다. 이와 같이 헌법에 명시된 시민권, 즉 인권이 곧 기본권(基本權, Grund recht)이다.[8]

---

7) 외국인이나 난민의 경우, 인권의 보장이 어려운 것은 인권이 근대 국가들에 의해 시민권으로 자리잡았기 때문에 자국의 국적을 갖는 시민이 아니면 기본적인 인권조차 보장되기 어렵기 때문이다.

8) 윤찬영, 앞의 책, 나남출판, pp.321~322.

제11장
기본권의 종류와 내용

이렇게 해서 인권, 시민권, 기본권의 연관성과 관계를 확인해 보았다. 인권은 근대 시민국가(국민국가)를 통해 정치적으로 시민권이 되었고 헌법에 기본권으로 규정된 것이다. 모든 기본권이 곧 인권은 아니지만,[1] 인권이 기본권인 것은 분명하다(헌법 제10조). 헌법에 규정된 기본권의 종류를 살펴본다.

제10조 모든 국민은 인간으로서의 존엄과 가치를 가지며, 행복을 추구할 권리를 가진다. 국가는 개인이 가지는 불가침의 기본적 인권을 확인하고 이를 보장할 의무를 진다.

---

1) 예컨대, 재산권(헌법 제23조), 공무담임권(헌법 제25조) 등은 기본권이지만 인권은 아니다.

1. 인간의 존엄과 가치 그리고 행복추구[2)]

헌법 제10조는 헌법이 보장하는 자유와 권리의 주체인 국민[3)]은 인간으로서의 존엄과 가치를 가지는 존재라는 것을 천명하고 있다. 여기에서 인간은 헌법재판소의 결정(2002헌마518)이나 독일 연방 헌법재판소의 결정 등을 종합해 볼 때, 사회공동체나 다른 사람들로부터 단절되어 고립된 존재로 살아가는 인간도 아니고, 공동체나 국가의 부속품으로 살아가는 존재도 아니다. 고유한 인격과 가치를 가지고 사회공동체와의 연관성 속에서 더불어 살아가는 자율적이고 자유로운 인간이다.[4)]

'인간의 존엄과 가치'는 인권의 출발점이 된다. 이것은 그 이유를 분석하거나 제시하기보다 이미 보편적 합의를 취득한 것으로 보아야 할 것이다.[5)] 포괄적 기본권이라 할 수 있는 '인간의 존엄과 가치'는 로크(J. Locke)의 사상에서

2) 1776년 미국 버지니아 인권선언에서 시작되어 미국 독립선언과 미국 연방 헌법의 규정, 1789년 프랑스 인권선언과 이후 프랑스 헌법 등을 거쳐 현재 우리나라 헌법에 규정되어 있다.

3) 인권의 주체를 '인간'이 아니라 '국민'으로 정한 것은 시민권으로서의 성격을 나타내는 것이다.

4) 정종섭, 앞의 책, pp.139~140.

5) 이준일, 앞의 책, p.2.

영향을 받은 것으로 제2차 세계대전 이후 여러 국제조약(세계인권선언, 유럽인권조약, 국제인권조약)에서 선언하였고, 여러 나라들의 헌법에서 규정하기 시작하였다. 우리나라는 5차 헌법 개정(1962)에서 처음 규정했고,[6] '행복추구권'은 8차 헌법 개정(1980)에서 신설되었다.[7]

이러한 '인간의 존엄과 가치'는 우리 헌법의 최고 가치이며 근본규범이다. 그러므로 입법, 사법, 행정에 걸친 모든 국가작용의 목적이 되며 국가활동에 대한 가치판단의 기준이 된다. 「헌법」 제37조 제1항[8]과 관련지어 볼 때, 우리 헌법은 헌법에 일일이 명시하지는 못하더라도 다양하고 구체적인 인권들[9]을 보장하고 있다. 그 기준으로서 인간의 존엄과 가치, 그리고 행복추구를 선언한 것이다. 그러나 이 자체가 기본권인가 하는 질문에 대하여는 학설의 대립이 있다.[10]

이러한 '인간의 존엄과 가치'에 '행복추구'가 더해져 논

---

6) 당시 헌법 제8조 "모든 국민은 인간으로서의 존엄과 가치를 가지며, 이를 위하여 국가는 국민의 기본적 인권을 최대한으로 보장할 의무를 진다."

7) 당시 헌법 제9조 "모든 국민은 인간으로서의 존엄과 가치를 가지며, 행복을 추구할 권리를 가진다. 국가는 개인이 가지는 불가침의 기본적 인권을 확인하고 이를 보장할 의무를 진다."

8) 국민의 자유와 권리는 헌법에 열거되지 아니한 이유로 경시되지 아니한다.

9) 예를 들자면, 햇볕 쬘 권리, 바람 쐴 권리, 조용히 있을 권리, 볼 권리, 알 권리, 숨 쉴 권리, 성명권(姓名權), 자기 결정권 등

10) 김학성, 앞의 책, pp.290~292.

란을 낳고 있다. '행복'이라는 단어의 주관성과 추상성 때문에 그러하다. '인간의 존엄과 가치'와 연계하여 포괄적으로 이해해야 할 것이다. '행복추구권'이 포괄적 기본권이 아닌 개별적 기본권의 하나인가에 대하여는 의견이 엇갈린다. 헌법학의 논의들을 성찰해 볼 필요가 있으나[11] 여기에서는 '인간의 존엄과 가치'와 '행복추구권'을 포괄적으로 이해하고자 한다.

인간의 존엄과 가치 및 행복추구권은 법에 규정되어야 비로소 인정되는 실정권(實定權)이 아니라 자연권(自然權)이며, 이를 헌법이 인정하여 실정법(實定法)으로 보장한다는 것이다.[12] 따라서 '인간의 존엄과 가치 및 행복추구권'은 기본권의 핵심이자 국가가 기본권 보장을 통해 도달하려는 목표로 이해하는 것이 적절하겠다. 행복추구권에 생존권도 포함되는지에 대하여 학설의 대립이 있으나[13] 우리 헌법은 행복추구권 외에 인간다운 생활을 할 권리(헌법 제34조)도 기본권으로 규정하고 있어 논란의 필요는 없다고 본다.

---

11) 이것의 권리성을 놓고 다양한 학설적 입장들이 있다. 김철수, 『인간의 권리: 인권사상 · 국내인권법 · 국제인권법』, 산지니, 2021, pp.358~381.

12) 같은 책, p.363.

13) 같은 책, p.381.

2. 평등권[14)]

헌법 제11조는 평등권을 규정하고 있다. 제10조의 인간의 존엄과 가치 및 행복추구권을 규정하고 이어서 평등권을 규정하고 있다. 이는 인권으로서 기본권을 시행하는 방법과 방향을 제시해 준다고 볼 수 있다. 즉, 인권을 차별 없이 평등하게 보장해야 한다는 의미로 봐야 할 것이다. 이러한 일반적인 평등권 외에도 교육에서의 평등, 양성평등[15)] 및 평등선거[16)], 사회적 평등[17)]과 경제적 평등[18)]

---

14) 제11조 ① 모든 국민은 법 앞에 평등하다. 누구든지 성별 · 종교 또는 사회적 신분에 의하여 정치적 · 경제적 · 사회적 · 문화적 생활의 모든 영역에 있어서 차별을 받지 아니한다.
② 사회적 특수계급의 제도는 인정되지 아니하며, 어떠한 형태로도 이를 창설할 수 없다.
③ 훈장 등의 영전은 이를 받은 자에게만 효력이 있고, 어떠한 특권도 이에 따르지 아니한다.

15) 제32조 ④ 여자의 근로는 특별한 보호를 받으며, 고용 · 임금 및 근로조건에 있어서 부당한 차별을 받지 아니한다.
제36조 ① 혼인과 가족생활은 개인의 존엄과 양성의 평등을 기초로 성립되고 유지되어야 하며, 국가는 이를 보장한다.

16) 제41조 ① 국회는 국민의 보통 · 평등 · 직접 · 비밀선거에 의하여 선출된 국회의원으로 구성한다.

17) 정치 · 경제 · 사회 · 문화의 모든 영역에 있어서 각인의 기회를 균등히 하고(전문),

18) 제119조 ② 국가는 균형 있는 국민경제의 성장 및 안정과 적정한 소득의 분배를 유지하고, 시장의 지배와 경제력의 남용을 방지하며, 경제주체 간

에 대해서도 규정하고 있다.

3. 자유권

「헌법」 제12조 이하 자유권을 규정하고 있다. 수많은 자유권의 출발점은 '신체의 자유'이다.[19] 우리가 자유를

의 조화를 통한 경제의 민주화를 위하여 경제에 관한 규제와 조정을 할 수 있다.

19) 제12조 ① 모든 국민은 신체의 자유를 가진다. 누구든지 법률에 의하지 아니하고는 체포·구속·압수·수색 또는 심문을 받지 아니하며, 법률과 적법한 절차에 의하지 아니하고는 처벌·보안처분 또는 강제노역을 받지 아니한다.
② 모든 국민은 고문을 받지 아니하며, 형사상 자기에게 불리한 진술을 강요당하지 아니한다.
③ 체포·구속·압수 또는 수색을 할 때에는 적법한 절차에 따라 검사의 신청에 의하여 법관이 발부한 영장을 제시하여야 한다. 다만, 현행범인인 경우와 장기 3년 이상의 형에 해당하는 죄를 범하고 도피 또는 증거인멸의 염려가 있을 때에는 사후에 영장을 청구할 수 있다.
④ 누구든지 체포 또는 구속을 당한 때에는 즉시 변호인의 조력을 받을 권리를 가진다. 다만, 형사피고인이 스스로 변호인을 구할 수 없을 때에는 법률이 정하는 바에 의하여 국가가 변호인을 붙인다.
⑤ 누구든지 체포 또는 구속의 이유와 변호인의 조력을 받을 권리가 있음을 고지받지 아니하고는 체포 또는 구속을 당하지 아니한다. 체포 또는 구속을 당한 자의 가족 등 법률이 정하는 자에게는 그 이유와 일시·장소가 지체 없이 통지되어야 한다.
⑥ 누구든지 체포 또는 구속을 당한 때에는 적부의 심사를 법원에 청구할 권리를 가진다.

말할 때, 그 첫 번째 자유는 '신체의 자유'인 것이다. 그리고 다양한 자유권들이 보장되며,[20] 정치적 자유권인 참정

---

⑦ 피고인의 자백이 고문·폭행·협박·구속의 부당한 장기화 또는 기망 기타의 방법에 의하여 자의로 진술된 것이 아니라고 인정될 때 또는 정식재판에 있어서 피고인의 자백이 그에게 불리한 유일한 증거일 때에는 이를 유죄의 증거로 삼거나 이를 이유로 처벌할 수 없다.

20) 제13조 ① 모든 국민은 행위 시의 법률에 의하여 범죄를 구성하지 아니하는 행위로 소추되지 아니하며, 동일한 범죄에 대하여 거듭 처벌받지 아니한다.

② 모든 국민은 소급입법에 의하여 참정권의 제한을 받거나 재산권을 박탈당하지 아니한다.

③ 모든 국민은 자기의 행위가 아닌 친족의 행위로 인하여 불이익한 처우를 받지 아니한다.

제14조 모든 국민은 거주·이전의 자유를 가진다.

제15조 모든 국민은 직업선택의 자유를 가진다.

제16조 모든 국민은 주거의 자유를 침해받지 아니한다. 주거에 대한 압수나 수색을 할 때에는 검사의 신청에 의하여 법관이 발부한 영장을 제시하여야 한다.

제17조 모든 국민은 사생활의 비밀과 자유를 침해받지 아니한다.

제18조 모든 국민은 통신의 비밀을 침해받지 아니한다.

제19조 모든 국민은 양심의 자유를 가진다.

제20조 ① 모든 국민은 종교의 자유를 가진다.

② 국교는 인정되지 아니하며, 종교와 정치는 분리된다.

제21조 ① 모든 국민은 언론·출판의 자유와 집회·결사의 자유를 가진다.

② 언론·출판에 대한 허가나 검열과 집회·결사에 대한 허가는 인정되지 아니한다.

③ 통신·방송의 시설기준과 신문의 기능을 보장하기 위하여 필요한 사항은 법률로 정한다.

④ 언론·출판은 타인의 명예나 권리 또는 공중도덕이나 사회윤리를 침해하여서는 아니 된다. 언론·출판이 타인의 명예나 권리를 침해한 때에는 피해자는 이에 대한 피해의 배상을 청구할 수 있다.

제22조 ① 모든 국민은 학문과 예술의 자유를 가진다.

권과 경제적 자유권인 재산권이 보장된다. 결국, 자유권적 기본권은 신체의 자유권을 필두(筆頭)로 하여 정치적 자유권인 참정권[21]을 거쳐 경제적 자유권[22]을 지향한다고 볼 수 있다. 이는 부르주아 시민계급에 의해 시민혁명이 이루어지고 그 결과 근대 시민국가가 형성됐다는 역사적 맥락에서 보면 당연한 것으로 볼 수 있다. 우선 신분적이고 신체적인 억압에서 해방되어 자유로운 신분과 상태를 확보해야 했고, 사회공동체의 결정과 일에 참여하기 위해 참정권이 필요했던 것이다. 이를 통해 시장에서의 경제적 자유를 누리며, 그 결과 소유의 확보를 목적으로 했던 것

---

② 저작자·발명가·과학기술자와 예술가의 권리는 법률로써 보호한다.

21) 참정권은 정당 설립 및 가입의 자유, 선거권 및 피선거권, 공무담임권, 국민투표권, 청원권 등을 포괄한다. 예를 들면, 다음과 같은 조항들이다.
제8조 ① 정당의 설립은 자유이며, 복수정당제는 보장된다.
제24조 모든 국민은 법률이 정하는 바에 의하여 선거권을 가진다.
제25조 모든 국민은 법률이 정하는 바에 의하여 공무담임권을 가진다.
제26조 ① 모든 국민은 법률이 정하는 바에 의하여 국가기관에 문서로 청원할 권리를 가진다.
제41조 ① 국회는 국민의 보통·평등·직접·비밀선거에 의하여 선출된 국회의원으로 구성한다.
제67조 ① 대통령은 국민의 보통·평등·직접·비밀선거에 의하여 선출한다.
④ 대통령으로 선거될 수 있는 자는 국회의원의 피선거권이 있고 선거일 현재 40세에 달하여야 한다.

22) 제23조 ① 모든 국민의 재산권은 보장된다. 그 내용과 한계는 법률로 정한다.
② 재산권의 행사는 공공복리에 적합하도록 하여야 한다.
③ 공공필요에 의한 재산권의 수용·사용 또는 제한 및 그에 대한 보상은 법률로써 하되, 정당한 보상을 지급하여야 한다.

이다. 근대 시민사회에서 시민들의 일상생활을 지배했던 시민법 질서의 지배원리[23]가 ① 계약 자유의 원칙, ② 소유권 절대의 원칙, ③ 과실에 대한 자기책임의 원칙 등이었던 점을 상기해 보면, 시민계급이 추구했던 자유 및 자유권의 궁극적 지점이 무엇이었는지 쉽게 이해할 수 있겠다.

4. 환경권

우리 헌법에서는 국민의 건강과 쾌적한 환경에 대한 권리를 기본권으로 규정하고 있다.[24]

5. 청구권

우리 헌법은 국가의 작위(作爲) 또는 부작위(不作爲)로 국민의 자유와 권리가 침해된 경우 이에 대한 회복이나 구

23) 자세한 내용은 윤찬영, 나남출판, pp.61~65. 참조.

24) 제35조 ① 모든 국민은 건강하고 쾌적한 환경에서 생활할 권리를 가지며, 국가와 국민은 환경보전을 위하여 노력하여야 한다.
② 환경권의 내용과 행사에 관하여는 법률로 정한다.

제를 요구할 수 있는 청구권을 기본권으로 규정하고 있다. 청원권(제26조)[25], 재판청구권(제27조), 형사보상청구권(제28조), 국가배상청구권(제29조), 범죄피해자구조청구권(제30조)[26] 등이 그것이다.

6. 사회권

이것은 사회권적 기본권 또는 생존권적 기본권 등으로 불린다.

인권의 기본이자 기본권에서도 우선적으로 꼽히는 자유와 자유권은 크게 두 가지 차원으로 나누어 볼 수 있다. 그것은 소극적 자유와 적극적 자유다.[27] 소극적 자유는 억압과 간섭이 없는 상태를 말하는 것으로서 국가의 부작위(不作爲)로 충족될 수 있는 권리다. 즉, 국가가 인위적으로 어떤 것을 행하지 않으면 되는 것이다. 반면에 적극적

25) 이는 참정권으로 보기도 한다. 입법, 사법, 행정 등 국가 업무 전반에 걸쳐 국가기관에 청구할 수 있는 권리이기 때문에 참정권이자 청구권으로서 의미를 갖는다.

26) 이는 청구권적 기본권과 사회권적 기본권의 성격을 띠고 있어 그 성격에 대해 논란이 있다. 자세한 내용은 윤찬영, pp.167~168. 참조.

27) 구인회 외, 『사회복지정책론』, 나남출판, 2010, pp.41~43.

자유는 개인이 무엇인가를 할 수 있는 가능성을 나타내는 자유다. 이는 개인의 능력과 자원을 필요로 한다. 이것을 국가 또는 누군가가 적극적으로 제공해 주거나 지원해 줄 때 달성할 수 있는 상태를 말한다. 그래서 국가의 적극적인 작위(作爲)를 요구하는 권리다. 이렇게 적극적인 자유를 위한 권리가 곧 생존권 또는 사회권이라 불린다.

자유권적 기본권이 국가의 침해로부터 소극적인 방어를 통해 보호되고 보장되는 것이라면 사회권적 기본권은 국가의 적극적인 배려나 급부제공과 같은 조치를 요구하는 적극적인 권리다. 그러므로 자유권은 전(前) 국가적인 자연권(自然權)으로 볼 수 있는데 반하여 사회권은 국가 내적인 실정권(實定權)으로 볼 수 있다. 그러나 짐 아이프는 인권의 진화를 세대의 개념으로 설명하는데,[28] 자유권 중심의 1세대 인권에 이어 경제, 사회, 문화적 권리가 2세대 인권을 이루었다고 본다. 그러므로 사회권적 기본권은 2세대 인권으로 볼 수 있다. 우리 헌법에서는 인간다운 생활을 할 권리(제34조)[29]를 필두로 하여 근로의 권리(제32조,

28) Ife, J., 앞의 책, pp.58~83.

29) 第34조 ① 모든 국민은 인간다운 생활을 할 권리를 가진다.
② 국가는 사회보장·사회복지의 증진에 노력할 의무를 진다.
③ 국가는 여자의 복지와 권익의 향상을 위하여 노력하여야 한다.
④ 국가는 노인과 청소년의 복지향상을 위한 정책을 실시할 의무를 진다.
⑤ 신체장애자 및 질병·노령 기타의 사유로 생활능력이 없는 국민은 법률이 정하는 바에 의하여 국가의 보호를 받는다.

제33조)[30], 교육받을 권리(제31조)[31], 모성보호(제36조 제2항) 및 보건권(제36조 제3항)[32] 등을 규정하고 있다.

---

⑥ 국가는 재해를 예방하고 그 위험으로부터 국민을 보호하기 위하여 노력하여야 한다.

30) 제32조 ① 모든 국민은 근로의 권리를 가진다. 국가는 사회적·경제적 방법으로 근로자의 고용의 증진과 적정임금의 보장에 노력하여야 하며, 법률이 정하는 바에 의하여 최저임금제를 시행하여야 한다.
② 모든 국민은 근로의 의무를 진다. 국가는 근로의 의무의 내용과 조건을 민주주의원칙에 따라 법률로 정한다.
③ 근로조건의 기준은 인간의 존엄성을 보장하도록 법률로 정한다.
④ 여자의 근로는 특별한 보호를 받으며, 고용·임금 및 근로조건에 있어서 부당한 차별을 받지 아니한다.
⑤ 연소자의 근로는 특별한 보호를 받는다.
⑥ 국가유공자·상이군경 및 전몰군경의 유가족은 법률이 정하는 바에 의하여 우선적으로 근로의 기회를 부여받는다.
제33조 ① 근로자는 근로조건의 향상을 위하여 자주적인 단결권·단체교섭권 및 단체행동권을 가진다.
② 공무원인 근로자는 법률이 정하는 자에 한하여 단결권·단체교섭권 및 단체행동권을 가진다.
③ 법률이 정하는 주요 방위산업체에 종사하는 근로자의 단체행동권은 법률이 정하는 바에 의하여 이를 제한하거나 인정하지 아니할 수 있다.

31) 제31조 ① 모든 국민은 능력에 따라 균등하게 교육을 받을 권리를 가진다.
② 모든 국민은 그 보호하는 자녀에게 적어도 초등교육과 법률이 정하는 교육을 받게 할 의무를 진다.
③ 의무교육은 무상으로 한다.
④ 교육의 자주성·전문성·정치적 중립성 및 대학의 자율성은 법률이 정하는 바에 의하여 보장된다.
⑤ 국가는 평생교육을 진흥하여야 한다.
⑥ 학교교육 및 평생교육을 포함한 교육제도와 그 운영, 교육재정 및 교원의 지위에 관한 기본적인 사항은 법률로 정한다.

32) 제36조 ② 국가는 모성의 보호를 위하여 노력하여야 한다.
③ 모든 국민은 보건에 관하여 국가의 보호를 받는다.

이러한 사회권은 '생존권', '복지권' 등의 이름으로 불리기도 한다. 1948년 세계인권선언 제22조는 "모든 사람은 사회구성원으로서 사회보장을 받을 권리가 있다."고 선언하고 있다. 이것은 곧 복지인권이다.[33] 그러므로 복지권(사회권 또는 생존권)은 시민권으로서 국가가 인정하며 기본권으로서 헌법이 보장하는 것이다.

그러나 아직도 「헌법」 제34조 제1항의 '인간다운 생활을 할 권리'에 대하여 진정으로 권리인가에 대하여 논설하고, 그것을 소개하는 많은 법학자들의 행태는 참으로 보기에 민망하다. 헌법에서 엄연히 '권리'로 명시하였음에도 불구하고 이러저러한 기이한 논리를 동원해서 복잡하게 만드는 것은 이론적으로나 실천천적으로도 찬동하기 어렵다. 액면 그대로 권리성을 인정하든지, 아니면 헌법 개정을 주장하든지 하면 될 것이다.

33) 조효제, 『조효제 교수의 인권 오디세이』, 교양인, 2015, pp.267~271.

제12장

인권과 복지의 관계

이상으로 인권과 복지의 관련성을 헌법과 법률들을 통해 살펴보았다. 그 결과를 정리해 보면 다음과 같다.

1. 인권의 보호와 보장을 위해 국가가 필요하다

인권은 보편 타당한 자연권으로 이해되더라도 현실적으로는 그것이 실효적이지 못하다. 보편적 이념이자 이상(理想)인 인권은 현실에서는 매우 당파적(黨派的)이고 문제 해결 능력을 갖지 못한다.[1] 결국, 국가를 필요로 한다. 국가

1) 이상돈, 『인권법』, 세창출판사, 2005, p.xiii.

가 정치적으로 승인한 인권이 시민권이다. 근대 시민국가에서 국가의 구성원들에게 인정한 인권, 그것이 곧 시민권(市民權)이다. 이러한 시민권도 정치적이고 모호하다 보니 성문법(成文法)으로 규정해 놓을 필요가 생겼다. 그리하여 시민국가에서 최고의 법인 헌법에 인권과 시민권을 기본권(基本權)으로 규정한 것이다.

2. 인권은 사회공동체의 가치와 질서에 부합해야 한다

우리 헌법 제37조 제2항은 국민의 자유와 권리를 사회질서와 공공복리(사회복지 포함)를 위하여(또는 근거로) 법률로 제한할 수 있다고 규정하고 있다. 그러니까 인권은 공동체의 질서와 가치, 문화 속에서 인정되고 보장된다는 뜻이다. 이에 부합하지 않거나 위배되는 인권은 제한할 수 있다는 의미로, 인권의 상대성(相對性)을 선언한 것이다. 인권의 보편성과 절대성을 인정하더라도 그것이 사회공동체의 질서나 가치 및 규범에 어긋나면, 국가는 그것을 보호하거나 보장할 수 없다는 것이다. 물론, 법률로 제한해야지 명령이나 조례와 같은 하위 규범으로 제한할 수는 없다. 인권은 이러한 정도에서 상대적인 것이다. 그러나 실제로 공공복리와 사회복지를 위하여 인권을 제한한다고 볼 수 있는 법률 규정들은 쉽게 찾을 수 없다.

그나마 「사회복지사업법」 제5조 제2항에서 인권침해 사실을 공표하도록 규정한 것이 사회질서 또는 공공복리를 위하여 인권을 제한하는 것으로 볼 수 있는 규정이다. 그 밖에 타인의 인권을 침해하는 범죄를 행한 자에게 공공기관이나 그 산하의 각종 위원회에 참여를 배제하는 규정들이 대부분 이에 해당된다.

3. 인권은 자유권과 사회권(복지권)을 포함한다

헌법이 보장하는 기본권 형태의 인권을 보면 자유권과 사회권(복지권)을 포괄한다. 자유는 간섭과 억압으로부터 벗어나는 소극적 의미에서 가능성과 가능한 정도를 의미하는 적극적 개념으로 변화하였으며, 시민의 적극적 자유와 국가의 적극적 의무는 국가의 불간섭으로부터 선택의 확장으로 전환되었다.[2] 그러므로 복지권은 인권의 중요한 일부가 되어야 하며, 이는 적극적 자유 개념과 실질적 평

2) Sandra Fredman, 앞의 책, p.79.

등의 직접적인 결과이다.[3)]

우리 「헌법」은 제34조의 인간다운 생활을 할 권리를 필두로 하여 교육, 근로, 주거 등 다양한 영역에서의 사회적 기본권을 인정하고 있으며, 이것은 곧 인권이자 시민권이다.

4. 사회복지법에서 인권은 목표이자 수단이다

그렇다면 사회복법은 인권을 어떻게 보고 있으며 어떻게 다루고 있는가? 앞에서 살펴보았듯이 사회복지법률들은 사회복지를 행함에 있어 반드시 인권의 실현과 충족을 지키도록 규정하고 있다. 복지를 충족하는 것이 인권을 지키는 것이거나 인권을 지킴으로써 복지를 이루게 하는 내용으로 규정하고 있다. 사회복지를 행함에 있어 인권은 도달해야 하는 목표이거나 반드시 수반해야 하는 수단으로 규정되고 있다. 인권과 복지가 매우 친화적이고 밀접한 관계로 규정되어 있는 것이다.

---

3) 같은 책, p.480.

5. 결론: 인권과 복지는 상호 견제와 협력의 변증법적 관계

인권은 그것이 사회공동체의 질서나 공공복리(사회복지)를 침해하거나 위배될 때 법률의 형태로 유보된다. 그러니까 인권은 사회복지의 가치와 이념을 따라야 한다. 이것을 위배하는 것은 용납되지 않는다. 그러나 사회복지는 인권을 기본이념으로 하여 인권 실현에 기여해야 하며 또한 기여하고 있다.

인권은 사회복지 앞에서 멈춰야 하지만 사회복지는 인권을 따르고 지향해야 하는 쌍방적이고 이중적인 위치를 갖는다. 인권과 복지의 관계에 대하여 결론을 내리면 다음과 같다.

앞서 제4장 3절에서 언급하였듯이 인권과 사회복지의 공동의 목표는 인간다운 삶과 존재에 있다. 헌법 제34조 제1항에서 모든 국민의 인간다운 생활을 할 권리를 선언하고 있다. 이에 대해 국가는 사회보장·사회복지의 증진에 노력할 의무를 진다(같은 조 제2항). 이렇게 인권과 사회복지는 인간다움을 향한 가치이자 실천이다. 이러한 공동의 목표를 전제하더라도 사회복지는 인권을 제한할 수 있는 하나의 기준이 된다. 하지만 동시에 복지는 인권을 바탕으로 인권을 구현하는 수단이자 도구이다. 비유적으로 표현하자면, 인권과 사회복지의 관계는 이인삼각(二人三脚) 경기와 같은 것이다.

인권과 복지는 '인간다움'이라는 공동의 목표지점을 향하여 함께 움직여야 한다. 이렇게 서로 묶여 있는 관계 때문에 서로를 제약하면서도 서로를 지지하는 협력적인 관계를 이루어야 한다. 즉, 인권은 사회복지를 침해하지 않아야 하며, 이러한 한도 내에서 인권의 도달점은 인간의 복지이며 사회복지 또한 사회복지를 명분으로 개인의 인권을 침해해서는 아니 되며 인권을 실현하고 완성하는 것이 목적이다. 사회복지를 행함에 있어 항상 인권을 고려하고 인권이 이루어지도록 해야 하는 것이다.

사회복지와 인권은 서로에게 제약을 가하면서도 지향이 같기 때문에 함께 가야 하는 관계이다. 그러면서도 인권은 사회복지의 기준에 부합해야 하고 사회복지는 개인의 인권을 궁극적인 목표로 해야 한다. 같은 목표를 향해 가면서 상호 제약과 협력을 해야 하는 이인삼각의 관계다. 그동안 인권과 복지는 제각각 투쟁과 각종 노력들을 기울여 왔는데, 최근 들어 인권과 복지를 묶어서 말하거나 짝을 짓는 경향이 강하게 나타나며 '인권과 복지' 또는 '사회복지와 인권'으로 표기하는 경우들이 흔해지고 있다. 이것은 인권 자체의 개념이나 이념보다는 인권 개념의 진화[4)]와 인권의 보장[5)]에 관련되어 있다고 보아야 할 것이다. 그리하여 인권의 궁극점에 사회복지[6)]가 있고, 국가든 민간이든 사회복지 주체는 인권의 이념과 가치를 기반으로 하며 궁극적으로 인권을 이루고자 하는 것이다.

결론적으로 인권과 복지는 하나의 묶음으로 인식되며, 그 묶음 안에서 상호 견제하면서 동시에 협력하는 변증법적 관계를 이루고 있다.

---

4) 자유권에서 사회권으로 이어 문화권까지 인권의 3세대 진화

5) 인권 보장을 위해 국가를 필요로 함. 국가의 법질서와 법체계 속에서 인권을 보장하는 시민권의 개념, 헌법에 규정하는 기본권 등

6) 국가의 책임을 기본적 전제로 한다.

제13장

인간의 욕구와 인권

앞에서 살펴보았듯이 인간의 욕구와 인권은 내적인 연관성을 가지고 있다. 그러므로 욕구 기반 사회복지 실천과 인권 기반 사회복지 실천을 구분하여 우열을 논하는 것은 부적절해 보인다. 욕구를 규범적이고 객관적인 것으로 인식한다면 욕구와 인권은 매우 긴밀한 관계에 있다.

인간이 인간답게 존재하고 기능하기 위하여 충족해야 하는 것이 욕구이고, 그것을 주장할 수 있는 정당한 힘과 자격이 인권이다. 여기서 인간이란 사회 공동체와 유리된 추상적 개인이 아니라 사회 속의 인간으로서 구체적인 존재이다. 그러므로 인간은 추상적 평균인이 아니라 구체적 상황 속의 인간이다. 그래서 객관적인 욕구조차 주관적 형태로 나타날 수 있다. 여기에 사회복지 실천의 전문성이 요구된다. 객관적인 욕구가 클라이언트의 주관적 틀을

통해 잠재되거나 표현되는 것을 정확하게 확인하고 사정하는 전문성이 필요하다.[1)]

여기에서 전문가주의에 빠져 인권을 억압하거나 무시하게 되는 것을 주의해야 한다. 욕구를 충족한다는 것은 인권을 전제로 하거나 목표로 하는 것이어야 한다. 인권이 증발된 채 욕구만을 말하는 것은 실천의 오류라고 하겠다. 욕구는 인권과 마찬가지로 인간에게 보편적이다. 그러면서도 시대와 지역, 사회적 조건에 따라 상대성을 띠기도 한다. 사회적 존재인 인간은 그 욕구 또한 사회성을 띠게 되기 때문이다.

이러한 인간의 기본적인 욕구를 요약한다면 생존(survival)과 자율성(autonomy)으로 압축할 수 있다.[2)] 인간이 인간으로서 존재하기 위해서는 물리적 또는 생물학적으로 생존해야 하고 또한 인간으로서의 주체성과 자율성을 유지해야 한다. 인간다움의 충족과 구현이 곧 인간적 욕구의 충족이요 인권의 실현이다.

---

1) 윤찬영, 『사회복지의 이해』 개정판, 정민사, 2017, p.34.

2) 생존하지만 자율성이 없는 것은 노예 상태를 말하며 주체성과 자율성은 있으나 생존하지 못하는 것은 예수나 부처 같은 성인 또는 신과 같은 존재를 말한다. Raymond Plant et. al., 앞의 책, pp.37~51.

제14장

인간 소외와 인권,
그리고 복지

인류의 역사는 인간 소외 극복의 역사이고, 현대사회의 핵심적인 문제는 인간 소외다. 인간이 원하는 대로 사회의 모습이 이루어지고 작동한다면 세상의 문제는 없을 것이다. 그러나 세상은 인간 개인이 원하는 대로 돌아가지 않는다. 인간은 늘 비인간적인 상태에서 고통받거나 고립된 채 압박받고 지배당해 왔다. 그것도 자신이 만든 산물에 의해 비인간적인 지배를 받아 왔다. 이것을 소외(疎外, alienation, Entfremdung)라고 한다. 우리가 흔히 소외를 말할 때 고독하다, 쓸쓸하다, 무기력하고 무의미하게 느낀다는 표현들을 사용하는데 그것은 소외된 상태에서 인간이 느끼는 소외감(a sense of alienation)을 말하는 것이다. 그러므로 소외감이 곧 소외가 아니라 인간이 자신의 본질로부터 이탈하여 비인간적인 상태에 처하거나 스스로를 비인간적

으로 인식하는 상황을 '소외'라고 한다.[1]

계몽주의 시대 인권사상이 등장할 때까지 인간은 자신들이 관념적으로 만든 종교와 신(神)에 의해 한낱 미물(微物)로 지배를 받다가 비로소 인간 주체성을 자각하며 인권을 주장하게 되었다. 그리하여 주체적인 인간을 내세워 신의 지배를 벗어나 근대국가를 세웠지만 인간은 다시 국가권력에 의해 자신들의 운명을 억압당하고 철저하게 예속되었다.

현대사회에 들어서는 인간 자신이 생산해낸 최고의 물질이자 상품(商品)인 화폐에 신의 지위를 부여하고 스스로 예속당하고 있다. 소위 물신(物神, fetishism)이다. 현대사회에서는 인간과 인간적인 것들이 이렇게 물화(物化, reification)[2]되어 인간은 비인간(非人間)으로 전락하고 소외되

---

1) 소외의 개념은 1980년대 인문사회과학 분야에서 널리 통용되다가 민주화 이후 거의 잊혀진 단어라고 하겠다. 그러나 여전히 인간이 비정상적으로 취급되고 있는 현재에도 가장 적확하게 비인간의 문제를 나타내는 단어라 하겠다.
정문길, 『소외론 연구』, 문학과 지성, 1984.
윤찬영, "소외개념의 사회복지학적 수용에 관한 서설적 연구", 서울대학교 대학원 석사학위논문, 1987.
이홍균, 『소외의 사회학』, 한울마카데미, 2004.
황갑진, 『현대인의 자유와 소외』, 산지니, 2020.
프리드리히 뮐러, 홍성방 옮김, 『소외론』, 유로서적, 2011.

2) 사람과 사람의 사이가 물질 또는 물건의 관계처럼 되는 현상을 말하며 인간의 대상화(對象化)를 의미하기도 한다.

고 있다. 이렇게 인간이 스스로의 노력과 작용으로 만든 생산물[3]에 의해 억압과 지배를 받으며 비인간적 상황에 처한 것을 소외라고 한다. 이는 태어날 때부터 인권을 가진 주체인 인간이 동류 인간들이 만든 생산물에 의해 비인간적인 처우와 취급을 받는 상태로서 궁극적으로 인간에 의해 비인간적 억압과 지배를 받으며 예속되는 상태를 말한다.

그러므로 인간이 인간됨을 자각하고 소외의 상태를 벗어나기 위해서는 인권에 대한 믿음과 자각, 즉 인간임(인간됨)을 회복하고 자각하는 것이 중요하다. 또한 인간다움을 회복하고 인간으로서의 정체성(identity)을 발현하기 위한 사회복지 실천과 제도화는 끊임없이 추구되어야 할 것이다.

이렇게 소외된 인간이 인간임을 확인받고 보호받는 상태를 추구하게 되는데, 그것이 곧 인권이다. 인권은 인간소외를 극복한 탈소외(脫疎外)의 상태를 말한다. 사회복지 또한 소외된 비인간의 상태에서 인간적 욕구를 충족케 함으로써 인간적 정체성을 회복하고 소외를 극복케 하려는 실천이며 제도이다.

그러므로 탈소외는 인간다움의 회복이고, 이는 인권과 사회복지의 공동의 목표가 된다. 사회복지학도로서 인권

3) 이념, 종교, 상품, 국가, 조직, 권력 등

을 탐구하는 궁극의 목표가 되어야 할 것이다.

사회복지 또한 인간이 고안해내고 생산한 제도이자 체계(system)이다. 이러한 사회복지에 인간이 예속적 지배를 받거나 비인간적 결과를 야기하는 소외 역시 철저하게 배제하고 극복하여야 한다. 사회복지 대상자의 소외도, 사회복지 제공자 또는 종사자의 소외도 예방되고 극복되어야 한다. 인간이 사회복지에 의존적인 상태가 되어 주체적인 인간으로서 스스로를 인식하지 못하는 상태도 소외이며, 자신이 돌보고 돕는 대상으로부터 비인간적인 억압과 구속을 받는 것 역시 소외이다. 이러한 소외를 극복하고 인간다움을 확립하는 것이 인권의 실천이고 복지의 실천이라 하겠다. 이것이 인권·복지 실천의 전제이자 목표이다.

참고문헌

Abraham Maslow, 오혜경 옮김, 『에이브러햄 매슬로의 동기와 성격』, 21세기북스, 2009.

Andrew Clapham, 박용현 옮김, 『인권은 정치적이다: 쟁점으로 보는 인권교과서』, 한겨레출판, 2010.

Jim Ife, "인권과 사회복지 서비스: 기회와 도전", 사회복지 분야 인권 관점 도입 · 확산을 위한 워크숍, 국가인권위원회, 2006.

Jim Ife, 김형식 · 여지영 옮김, 『인권과 사회복지 실천』, 인간과 복지, 2001.

David Watson, 『CARING FOR STRANGERS』, F.K.P., 1980.

Jim Ife, 김형식 · 여지영 옮김, 『인권과 사회복지 실천』, 인간과 복지, 2001.

Kirstin Sellars, 오승훈 옮김, 『인권, 그 위선의 역사』, 은행나무, 2003.

Leah Levin, 이명재 · 서현수 옮김, 『인권: 인간의 권리에 관한 118가지 질문에 답하다』, 북스코프, 2012.

Lynn Hunt, 전진성 옮김, 『인권의 발명』, 돌베개, 2009.

Mark Frezzo, 조효제 옮김, 『인권사회학의 도전』, 교양인, 2020.

Michael Freeman, 김철효 옮김, 『인권: 이론과 실천』, 아르케, 2005.

Neil Gilbert · Paul Terrell, 남찬섭 외 옮김, 『사회복지정책론: 분석틀과 선택의 차원』, 지식공동체, 2020.

Radbruch, G., 최종고 옮김, 『법철학』, 삼영사, 1981.

Raymond Plant et. al., 『POLITICAL PHILOOPHY AND SOCIAL WELFARE』, RKP., 1980.

Sandra Fredman, 조효제 옮김, 『인권의 대전환: 인권 공화국을 위한 법과 국가의 역할』, 교양인, 2009.

Turner, B. S. & Hamilton, P. ed., 『Citizenship: Critical Concept』, Routledge, 1994.

UN Centre for Human Rights, 이혜원 옮김, 『인권과 사회복지 실천』, 학지사, 2005.

UN, Teaching and Learning about Human Rights: A Manual for Schools of Social Work and the Social Work Profession, 1992.

Wilensky, H. L. & Lebeaux, C. N., 『Industrial Society and Social Welfare』, The Eree Press, 1965.

고명석, 『인권과 사회복지 실천』, 대왕사, 2016.

구인회 외, 『사회복지정책론』, 나남출판, 2010.

국가인권위원회, 『Jim Ife 초청 사회복지 분야 인권관점 도입·확산을 위한 워크숍』, 2006.

국가인권위원회·한국사회복지학회, 인권과 사회복지 실천 콜로키움, 2007.12.4.

김비환 외, 『인권의 정치사상』, 이학사, 2010.

김수정 외, 『사회복지와 인권』, 학지사, 2021.

김철수, 『인간의 권리: 인권사상·국내인권법·국제인권법』, 산지니, 2021.

金學成, 『憲法學 講義』, 成玟社, 2001.

김형식 외, 『유엔 장애인 권리협약 해설: 복지에서 인권으로』, 도서

출판 어가, 2019.
문진영, “인권과 사회복지:쟁점 분석”, 『비판사회정책』 제39호, 비판과 대안을 위한 사회복지학회, 2013.
박구용, “인권의 보편적 정당화와 해명”, 『사회와 철학』 vol.7., 사회와 철학연구회, 2004.
박연주, 『판례와 사례를 중심으로 한 인권과 사회복지』, 학지사, 2020.
박영란 외, 『한국사회복지와 인권』, 인간과 복지, 2001.
백화옥 외, 『인권과 사회복지』, 나남출판, 2015.
손병돈 외, 『사회복지와 인권』, 양서원, 2008.
송아영, “탈시설과 주거지원”, 『월간 복지동향』 제269호, 참여연대 사회복지위원회, 2021.3.
스티븐 슈트, 수잔 헬리 엮음, 민주주의법학연구회 옮김, 『현대사상과 인권』, 사람생각, 2004.
심창학, “인권 기반 사회복지의 유용성과 실행가능성”, 한국사회학회 엮음, 『한화합사회를 위한 복지』, 나남출판, 2013.
심창학 · 강수택 엮음, 『사회정책과 인권: 인권 기반 사회정책의 관점과 영역』, 도서출판 오름, 2011.
심창학 · 강욱모 · 백화옥, 『사회복지 분야 대학교 인권과목 개설을 위한 기초연구』, 국가인권위원회, 2013.
양옥경, 『사회복지 윤리와 인권』, 공동체, 2017.
양천수, “근대 인권구상의 한계와 새로운 인권 구상의 가능성”, 『공법학연구』 제21권 제3호, 한국비교공법학회, 2020.
윤찬영, “소외개념의 사회복지학적 수용에 관한 서설적 연구”, 서울대학교 대학원 석사학위논문, 1987.

윤찬영, 『사회복지의 이해』 개정판, 정민사, 2017.
윤찬영, 『사회복지법제론』 개정7판, 나남출판, 2017.
이상돈, 『인권법』, 세창출판사, 2005.
이상안, 『인권과 질서』, 대명출판사, 2005.
이재용, 『인권 기반 사회복지시설 운영론』, 창지사, 2018.
이준일, 『인권법』 제7판, 홍문사, 2017.
이홍균, 『소외의 사회학』, 한울아카데미, 2004.
정문길, 『소외론 연구』, 문학과 지성, 1984.
정영선, "인권사상의 재인식과 인권의 보편성: 권리주체의 재인식과 '상대적 보편성 논의'를 중심으로", 『한국 동북아논총』 vol.16, 한국 동북아학회, 2000.
정원섭, "인권의 현대적 역설: 롤즈의 민주적 평화론에서 인권", 『철학』 112, 한국철학회, 2012.
정정훈, "인권의 인간학: 상호주관성인가 관개체성인가?", 『문화과학』 100, 문화과학사, 2019.
정종섭, 『헌법과 기본권』, 박영사, 2010.
조효제, 『인권의 문법』, 후마니타스, 2007.
조효제, 『조효제교수의 인권오디세이』, 교양인, 2015.
조효제, 『인권의 지평』, 후마니타스, 2016.
조효제, 『인권의 최전선』, 교양인, 2020.
최현, 『인권』, 책세상, 2008.
칼 마르크스, 『칼 마르크스의 초기저작: 비판과 언론』, 열음사, 1996.
프리드리히 뮐러, 홍성방 옮김, 『소외론』, 유로서적, 2011.
한국사회과학연구소 편, 『복지국가의 형성』, 민음사, 1983.

황갑진, 『현대인의 자유와 소외』, 산지니, 2020.

뉴스 프리존, 2020.12.10.

부안독립신문, 2021.5.14.

에이블뉴스(Able news), 2021.2.8.

충남일보, 2021.2.10.

쿠키뉴스, 2021.1.12.

한겨레신문, 2021.6.28.

한겨레신문, 2018.8.28.

한겨레신문, 2020.10.27.

news1, 2021.7.4.

찾아보기

ㅈ

ㅊ

ㅌ

ㅍ

ㅎ

윤찬영(尹燦榮)

서울대학교 사회복지학과 졸업
서울대학교 대학원 사회복지학과 졸업(석사)
서울대학교 대학원 사회복지학과 졸업(박사)
1989~현재 : 전주대학교 사회복지학과 교수
2005 : 참여연대 사회복지위원장
2011~2012 : 비판과 대안을 위한 사회복지학회 회장
2019~현재 : (사)사회복지법제학회 회장

〈저서〉
『사회복지법제론』, 개정7판, 나남출판, 2017.
『사회복지의 이해』, 개정판, 정민사, 2017.

인권·복지론

초판발행 2022년 3월 5일 **1판 1쇄 인쇄** | 2022년 3월 10일 **1판 1쇄 발행**

지은이 윤찬영
펴낸이 최용구 | **펴낸곳** 도서출판 **신정**
주소 (04316) 서울시 용산구 원효로 89길 19 (원효로1가)
전화 02)3211-4782, 0266(영업부), 3211-4783(편집부), 3211-4784(팩스)
이메일 sjbook2002@naver.com | **홈페이지** www.sjbook.co.kr
등록 2001년 5월 11일 제13-702호
기획마케팅 최용구 장만동 최충구 진소희 | **책임편집** 석기은 황가연

ISBN 978-89-5912-784-9 93330
정가 12,000원